OPEN是一種人本的寬厚。

OPEN是一種自由的開闊。

OPEN是一種平等的容納。

OPEN 2

壓迫與自由

Oppression et Liberté

作　　者－西蒙・韋伊 Simone Weil
編　　者－卡　繆
譯　　者－楊依陵
審　　校－梁家瑜
發 行 人－王春申
總 編 輯－李進文
編輯指導－林明昌
主　　編－邱靖絨
校　　對－楊蕙苓
封面設計－兒日設計

營業經理－陳英哲
行銷企劃－葉宜如
出版發行－臺灣商務印書館股份有限公司
　　　　　23141 新北市新店區民權路 108-3 號 5 樓（同門市地址）
電話：(02)8667-3712　傳真：(02)8667-3709
讀者服務專線：0800056196
郵撥：0000165-1
E-mail：ecptw@cptw.com.tw
網路書店網址：www.cptw.com.tw
Facebook：facebook.com.tw/ecptw

局版北市業字第 993 號
初版一刷：2018 年 7 月
定價：新台幣 380 元

法律顧問－何一芃律師事務所

OPEN 2/67

Oppression et Liberté
壓迫與自由

西蒙・韋伊（Simone Weil） 著
阿爾貝・卡繆（Albert Camus） 編

楊依陵 譯

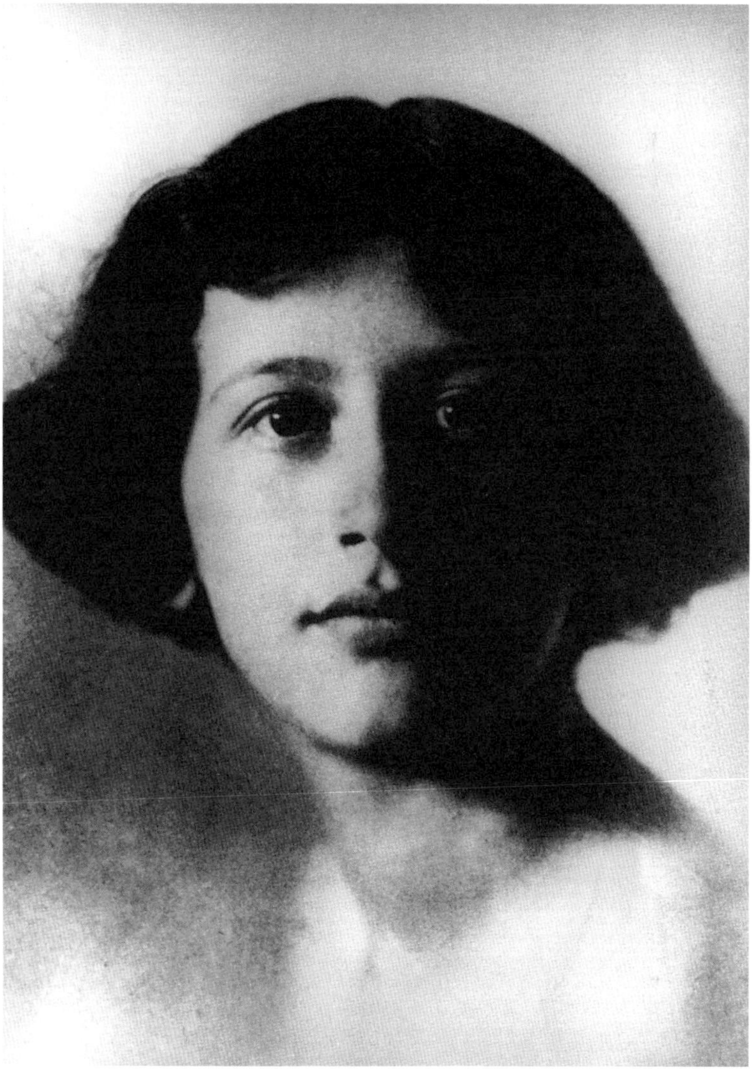

作者西蒙・韋伊。（圖片來源：達志影像）

媒體、作家推薦

「韋伊是法蘭西給當今世界的一份珍貴的禮物……她在現代世界占有獨一無二的位置，這歸因於她思想上完美無缺的延續性。……她的一生，是堅決而瘋狂的。在我看來，在人類的共同弱點這個視角上，韋伊的重要意義必須得到重估。」

——切斯拉夫・米沃什（Czesław Miłosz，波蘭詩人，諾貝爾獎得主）

「韋伊和她的理念之間有種令人感到痛苦的同一性，作為精神之現代苦役最不妥協而令人不安的見證人，她當之無愧。」

——蘇珊・桑塔格（Susan Sontag）

「作為一個思考政治的人，一如在任何其他方面一樣，西蒙・韋伊都是無法歸類的。她的同情所具有的悖論性，是促成其均衡的原因。一方面，她熱情地擁護平民，特別是受壓迫者——被人的邪惡與自私所壓迫的人，以及被現代社會的無名力量所壓迫的人。……另一方面，她在本質上就是個離群索居的人，以及個人主義者，深深恐懼著她所謂的集體——現代集權主義所創造的怪獸。她在乎的是人的靈魂。她對人類權力與人類責任的研究，揭露了某些陳腔濫調當中的謬誤，這些陳腔濫調現在依然流行，而在戰爭期間則被當成道德興奮劑。」

——T. S. 艾略特（Thomas Stearns Eliot）

「我們時代唯一偉大的靈魂……歐洲的重生如果沒有韋伊的思想，將是不可想像的。」

——阿爾貝・卡繆（Albert Camus）

「二十世紀最偉大的靈性作家。」

——安德烈・紀德（André Gide）

「你是救世軍嗎？」

——托洛斯基（Лев Давидович Троцкий [Leon Trotsky]）

「她的才智、苦修主義、奉獻精神與決然勇氣，我都十分佩服，只是我不能把她看成我的同道人。」「我羨慕她有一顆為全世界跳動的心。」

——西蒙・波娃（Simone de Beauvoir）

「我從《神聖人》（*Homo sacer*）之後便一直沒有放棄的對法律的批判，正是根植於韋伊。」

——喬治・阿岡本（Giorgio Agamben）

「我們相信音樂帶給我們的情緒，可以讓我們在事後體驗到西蒙・韋伊所謂的『絕對的安靜』——電影中最偉大的音樂。」

——澤貝紐・普萊斯納（Zbigniew Preisner，奇士勞斯基《紅白藍三部曲》、《十誡》編曲家）

尋找革命的靈魂
——《壓迫與自由》中文版序

梁家瑜（台灣高中哲學教育推廣學會祕書長）

對許多讀者而言，西蒙・韋伊（Simone Weil，1909-1943）彷彿是個幽靈，會不小心出現在其他作者的筆下[1]，但卻又面目模糊。這一方面與韋伊著作的出版史有關：她所有的作品都在她過世後才編輯成書，生前只有少數文章發表在一些罕見的雜誌上。因此從第一本書[2]的出版開始，她就彷彿是個來自另一個世界的聲音——她確實已經不屬

1 以近幾年台灣的出版品而言，讀者就可能曾在下面這些書的扉頁中與韋伊擦身而過：貝克威爾，《我們的存在主義咖啡館》；派基鈉，《柏拉圖和笛卡兒的日常：法國資深哲學教師的十七堂思辨課》；桑塔格，《旁觀他人之痛苦》；伯格，《攝影的異義》；考克斯，《信仰的未來》；米什拉，《從帝國廢墟中崛起》；楊，《正義與差異政治》；鄂蘭，《人的條件》。

2 即韋伊的友人Gustave Thibon從她交付的筆記中選輯而成的《重負與神恩》（*Pesanteur et la Grâce*, 1947），中文版由香港漢語基督教文化研究所出版於二〇〇〇年。

於這個世界。這種奇特的現象，使得她身後一直難以擺脫基督教聖徒的形象。

另一方面，台灣讀者對韋伊的印象不深，也跟韋伊作為思想家的生命歷程有關。韋伊在世的時期，並未與當時的思想界有太多的互動，她一生中也並未刻意追隨學術流行，賺取名聲；相反地，她深入參與的，卻正好是台灣出版較少的共產主義運動。事實上，韋伊生活於兩次世界大戰的戰間期，這也造成台灣讀者認識她的困難。

正是因此，本書的中文版能上市具有特別的重要性。透過本書，讀者可以更清晰地理解西蒙．韋伊作為思想家的生平，以及韋伊所反思的主題；最重要的是，出於歷史的理由，這些主題與韋伊所處的時代，對我們而言，並未真的成為過去。換言之，本書是一片拼圖，同時屬於三幅圖像：韋伊生平、共產主義運動，與當代中國。本文將依序說明，希望有助於提供讀者更清晰地認識韋伊，以及這位獨立的思想者與我們的關係。

一、韋伊：行動的生命

本書最初的編輯是阿貝爾．卡繆，出版於一九五五年，是卡繆收錄於「希望」叢書的韋伊文集第六冊。特別的是，這是韋伊死後出版的作品中，第一本以她生前發表過的文章為主的文集；因此，本書可能最接近韋伊生前為人所認識的形象。

卡繆編輯的版本共有十篇文章，在這本中文版裡完整保留，並在最後加上了一篇附錄，再依據最新的全集版，選擇適當的註釋加以補充。全集版（指由法國加利瑪出版社[Gallimard]所出版，於一九八八年到二〇一二年，共分七卷）為大部分文章標註了發表或書寫年份，本版也置於每篇標題底下，讀者根據年份標記便可發現：卡繆收錄的文章，從一九三三年起，到一九四三年止，分屬一九三三年（三篇）、一九三四年（一篇）、一九三三至三八年（一篇）、一九三七年（三篇）、一九四三年（兩篇）。在進入本書內容之前，我們先以此作為座標，簡述韋伊的生平經歷。

一九〇九年，韋伊誕生於巴黎的一個世俗化猶太人的中產家庭裡。因為家裡並不施加猶太教教育，韋伊一直沒有清楚的猶太人認同，反而發展出對各種文明與宗教的普遍興趣。在就讀亨利四世中學時，受教於當時著名的新康德主義哲學家阿蘭（Émile-Auguste Chartier, Alain, 1868-1951），對她的一生產生了深遠的影響。一九二八年，她重考考進了著名的高等師範學院，是該校招收的第二屆女學生。一九三一年，以相當於碩士的學歷畢業，考取教師資格。

認識韋伊的人都提過她的幾個主要的特點：堅強的意志、對真理的熱情、高度的同情心，與強烈的自卑與輕生傾向。在韋伊六歲時，第一次世界大戰爆發，據說她因為聽說前線的士兵缺乏食物（或是襪子，根據不同版本的說法），便拒絕吃糖（或是穿襪子），為了與士兵一起受苦。九歲時，俄羅斯爆發了十月革命，韋伊則在一年後向她的家人宣布自己是個布爾什維克（Bolshevists）[3]。韋伊在這兩則軼事中流露對他人苦痛的認同，終其一生都鮮明地展現在她的言行當中。最好的例子或許是她和西蒙・波娃相識的經歷：在巴黎索邦大學的校園裡，揣著共產主義雜誌的韋伊，對波娃表達了她如何期許革命：讓窮人能有東西吃是最重要的。聽到波娃說「人生的意義也很重要」後，韋伊竟然絲毫不留情面地回了一句：「顯然，你沒餓過肚子[4]。」在大學那幾年裡，她激進的革命主張引來許多注目，其中一個保守派老師便稱她為「紅色貞女」。

一九三一年取得教師資格後，她被分派到外省當高中哲學老師。她的教學很受學生歡迎，但卻引起了家長的擔憂：她不照課綱，直言不諱地與學生討論時事，並且不掩飾自己的政治立場。結果是：學生愛上哲學，會考卻只有少數人過關。但相較於她的教學，真正給她帶來麻煩的是她的政治參與：她熱心地幫助工人組織，帶隊與市政府談判失業工人津貼。這對韋伊而言並不算甚麼，在大學時她就協助過籌組工人學校，到了外省後除了教女高中生，也教工人哲學——韋伊相信，真正的經典是大眾才能體會的，二流作品則是給知識份子讀的[5]。但由於她參與工運引起當局不滿，後來把她調到其他城市去。

一九三二年夏天，她去了一趟德國，想親自瞭解德國的現況。當時的德國共產黨是西歐最強大的，她正是在德國認識了托洛斯基[6]的兒子。回到法國後，她公開撰文表示對法西斯主義的擔憂，但當時她的法國友人無人相信她的預感，沒人相信納粹黨會取代威瑪共和主力的民主派和強健的德國社會主義政黨。

一九三三年，希特勒掌權，沙特前往德國希冀親炙現象學運動，韋伊則發表了〈前景：我們是否正朝著無產階級革命邁進〉，托洛斯基隨即撰文回應[7]，在那年聖誕，兩人的筆戰最終在韋伊家的客廳化為舌戰，亦即本書特意收錄的〈與托洛斯基的對話〉。這年有另外兩篇文章也被收入本書，都與她對蘇聯的思考有關，而這部分也是受到希特

3 「布爾什維克」的俄語原意為「多數人當中的一個」，韋伊顯然知道這點。歷史上布爾什維克是俄羅斯社會主義工黨，亦即後來的蘇聯共產黨的前身。

4 尤格拉（Palle Yourgrau），《西蒙娜．韋伊評傳》（*Simone Weil*），余東譯，桂林：灕江出版，二〇一四。

5 Simone Weil，《扎根：人類責任宣言緒論》，徐衛翔譯，北京：三聯書店，二〇〇三。

6 托洛斯基（Leon Trosky, 1879-1940），全名為Lev Davidovich Trosky，俄羅斯革命家、共產主義理論家，在十月革命（俄國共產革命）當中扮演重要角色，曾任紅軍指揮官。列寧過世後，因反對史達林與共產黨官僚化，被逐出共產黨，後來被蘇聯放逐。此後創建第四國際，但後來被史達林所暗殺。

7 托洛斯基，〈蘇聯與第四國際（蘇維埃國家的階級性質）〉（一九三三）。

勒掌權後，蘇聯對德國封閉邊境，拒絕接受逃離德國的共產黨員的事實，以及韋伊親身參與營救德國共產黨員的經驗所影響[8]。

一九三四年，她請了一年休假，進入兩間工廠當女工。這一年的工廠生活，嚴重傷害了她的身心，她從此與頭痛為伍。而這艱辛的一年留下的文字中，一份是卡繆和鄂蘭都在著作中提到的《工人的條件》[9]，另一份則是本書主體的〈反思自由與社會壓迫的起因〉。

一九三五年，她在休假造訪葡萄牙時，經歷了第一次重要的神祕體驗。在傍晚的漁村聽見婦女在戶外禮拜過程中吟唱聖歌時，她體會到「**基督教就是奴隸的宗教……而我就是奴隸當中的一個**[10]。」此後，她有過數次的神祕經驗，並且吸引了許多傳記作者與研究者的注意。但本書收錄的〈一九三三至一九三八年斷簡〉提醒我們：**神祕體驗並未讓韋伊離開工人運動**，而研究者也主張她在政治思想上，可說是一以貫之的[11]。

一九三六年，另外兩件事給她帶來深刻的影響。那年五月，法國爆發大罷工，同時，里昂．布魯姆領導的社會主義黨派第一次贏得大選，結果達成了馬提尼翁協議（Accords de Matignon），法國工人爭取到了罷工權、組織權（可自由組織民主運作的工會）、有薪假、四十小時工時、集體協商權等，是法國左翼的一大勝利。本書中收錄的兩篇韋伊寫於一九三七年的短文〈對革命與進步等理念的批判檢視〉和〈對自由與服從的沉思〉，都提到了這個事件。

另一件一九三六年的重要事件是西班牙內戰。韋伊認真思考過其道德責任，決定放棄她一直堅持的和平主義立場，加入這場戰爭。她的同袍很快就發現她不適合拿槍，因為深度近視，而她又在為同袍做飯時燙傷了腳，被迫從前線退下。就在她離開前線後不久，她的小隊便遭遇重大失敗，全員喪生。

一九三九年，第二次世界大戰爆發。

一九四〇年六月十三日，巴黎宣布為不設防城市。韋伊當天和父母一起上街，看到告示後，連家都沒回便直奔巴黎的里昂火車站，很幸運地在最後一刻逃脫了納粹德國占領區。五天後，停戰消息傳來，韋伊再度面對她的和平主義立場，又做出必須反抗的

8 卡博（Jacques Cabaud），《信仰與重負——西蒙娜・韋伊傳》，顧嘉琛、杜小真譯，北京：北京大學，一九九七。

9 Simone Weil，*La Condition ouvrière*，Paris: Gallimard, 1951, 2002；見卡繆，《反抗者》；鄂蘭，《人的條件》。

10 Simone Weil，〈第四封信：心靈自傳〉，《期待上帝》（*Attente de Dieu*, Paris: Fayard, 1966）。

11 見Athanasios Moulakis, *Simone Weil and the Politics of Self-Denial*, Columbia: University of Missouri, 1998。

決定。

因此在一九四二年，她為了父母安全，領著雙親抵達紐約後，便又在那年冬天前往英國倫敦，加入戴高樂領導的自由法蘭西反抗軍。她提議了一個計畫：在法國建立戰地護士的地下網絡，以作為地下游擊隊的精神激勵，但一直沒被採用。為了阻止她再跑回法國本土，反抗軍給了她一個任務：為復國後的建設擬定一份大綱。韋伊交出的成果是一九四三年的《扎根：人類責任宣言緒論》。據說戴高樂並沒有讀完。然而在一九九七年，聯合國教科文組織（UNESCO）為了建構全球倫理（global ethics），提交給聯合國〈普世人類責任宣言〉（Universal Declaration of Human Responsibilities），翌年為了紀念〈世界人權宣言〉，又發表了〈人類義務與責任宣言〉（Declaration of Human Duties and Responsibilities），顯然是聽見了韋伊的思考使然。

一九四三年八月二十四日，韋伊病逝於英格蘭肯特郡阿許佛的療養院。病逝前，她不只拒絕醫生的要求，也不願接受比她所認為的法國占領區人民所能得到的配給更多的食物。在這一年，除了《扎根》之外，她有另外兩篇文章收錄於本書：〈一九四三年倫敦斷簡〉與〈馬克思主義學說存在嗎？〉後者與《扎根》一樣，都是未完稿。而《扎根》的結尾，事實上也強調了本書的部分主題：勞動的精神性。她過世這天，距離本書第一篇文章發表的日子，正好經過了整整十年。因此我們可以說，本書的主題是韋伊終其一生都在思考的問題。

二、韋伊與共產主義

那麼，韋伊在本書中思考的是哪些問題？她為何要思考這些問題？而她的思考又得出了什麼成果？

單看目錄中的各篇標題，讀者可能會以為韋伊的重點在於批判馬克思主義。但從前述的韋伊生平看來，她並不是一個反對工人運動的人——正好相反，她最在乎的就是人類的受苦，而她在本書中對馬克思與馬克思主義者所提的批評，是以同志的身分提出的。因此，韋伊究竟是以誰為同志，試圖與誰對話，就得回到她的時代才能理解。

韋伊與托洛斯基的爭論——本書的開篇與附錄——發生於一九三三年，亦即第三國際期間。而「國際」的歷史有助於我們迅速掌握本書論述的背景。

第一國際，正式名稱為國際工人協會（International Workingmen's Association），存在於一八六四到一八七六年間，馬克思和恩格斯都在其中扮演重要角色。第一國際的結束，與普法戰爭後巴黎公社被血腥鎮壓有關。

第二國際，正式名稱為社會主義國際（Socialist International），存在於一八八九到一九一六年間。恩格斯在初期扮演過要角。列寧於一九〇五年加入。共產主義運動重要的理論發展時期，包括民主改革派與革命派的觀點都有。第二國際的結束，與一次大戰前力主反戰的法國重要代表讓．饒勒斯（Jean Jaurès, 1869-1914）遇刺，以及一戰爆發有關。

第三國際，正式名稱為共產國際（Communist International, Comintern），存在於一九一九到一九四三年間——正好是韋伊宣布自己是個布爾什維克到過世的時期。第三國際是共產主義運動第一次取得一個國家的政權，並進而推動世界革命，徹底放棄第二國際時期的改良主義主張。第三國際結束於第二次世界大戰後期蘇聯參戰的決定。

至此我們可以看到：

- 韋伊在本書中的批評，都發表於第三國際時期。
- 韋伊批評的主要對象，是第三國際的領導人與第三國際的政治體制。
- 韋伊對第三國際的批評是基於共產主義理想，包括第一與第二國際時期的理念。
- 韋伊看到了每個國際都無能處理國際戰爭，不是解散就是背叛革命。
- 韋伊將反思從第三國際延伸到馬克思的思想上。

有了這個背景認識，我們便可理解韋伊在書中提到的一些事件與現象。例如，當韋伊提及巴黎公社，並指出巴黎公社是「自發性運動在根本上的無力的範例[12]」，她同時也在批評馬克思以及列寧兩代共產主義運動領導人對巴黎公社的反省[13]，這兩代人都相信公社的失敗在於奪權不夠徹底，沒有掌握銀行，也沒趁勢以武力「剝奪剝奪者」，第一國際就此走向解散；但韋伊緊接著就提第二國際的解散，再緊接著提出了第三國際在蘇聯的領導下「掐死了無產階級的革命性鬥爭」，再接著檢討流亡在外、創立第四國際的托洛斯基的觀點，彷彿整個共產主義運動的思想演進在韋伊看來都錯了。但值得注意的是，韋伊的批判中可以看出她堅持第一與第二國際時期的部分理念，包括：實質的言論自由、政黨間的自由競爭、無產階級政黨內的民主、武裝的民主化、一切公職由人民選舉與監督等等。這些理念到了第三國際全部消失無蹤，這是韋伊反思的起點（必須指出，同樣的批判，在列寧奪權之初，已經由西歐的其他共產黨提出來過）。

12 見本書〈前景：我們是否正朝著無產階級革命邁進？〉（一九三三）。

13 見馬克思，〈法蘭西內戰〉（一八七一），以及列寧，〈公社的教訓〉（一九〇八）。事實上，第四國際的創建者托洛斯基也對巴黎公社有過反思，見托洛斯基，〈巴黎公社的教訓〉（一九二一）。這三人提出的分別是：應該掌握銀行、應該剝奪剝奪者、應該要讓有紀律的黨來領導。

韋伊由此出發，首先批判第三國際已經淪為官僚專政體制，緊接著，她指出蘇聯的官僚專政和納粹的官僚專政並無不同，再來，她指出美國的專家治國也是同樣的官僚專政。可見，韋伊緊咬著壓迫的現實，不受政治教條遮蔽視線。這樣的思考自然會惹火教條主義者，事實上，正因為韋伊是同志，因此更讓信仰教條的同志怒不可遏。一九三三年的三篇文章，都引來不少批評，但韋伊的思想不會就此打住，而且她第二年就去工廠當女工了。

教條主義正是韋伊批判的第二個重點。而在對教條主義的批判中，有趣的是，韋伊很可能比她的同時代人更接近馬克思。她明白指出，馬克思提出的是一種方法，而不是一套結論，我們必須用他的方法來診斷自己的世界，而不是拿他對他的世界的診斷來治療我們的世界。在韋伊看來，官僚是新的專政，世界已經不再是馬克思所認識的樣子，美國、德國與蘇聯都是一樣的壓迫體制。而在這樣的壓迫下，要發動世界革命，無異於欺騙。

這便牽涉到韋伊對革命與反抗的思考。如果對馬克思而言，革命具有普羅米修斯的氣概[14]，那對韋伊而言，反抗就有安蒂岡妮[15]的堅決。不是說要放棄反抗，而是要放棄反抗會成功迎來新天新地的幻想。反抗屬於願意為了愛而接受命中注定的悲劇的人。

為什麼要這麼悲觀？如此一來，還有什麼自由的盼望可言？

這只能從韋伊的哲學人類學假設來理解。韋伊常被稱為神祕主義者，以及柏拉圖主義者，這至少在一個意義上是對的：韋伊確實強調1.人是有靈的活人；2.靈的邏輯是超自然的邏輯；3.此世服從自然的法則；4.自然的法則就是物的法則；5.沒有超自然的介入，人就沒有解放的可能。在韋伊看來，馬克思堅持拒絕超自然，這使得他希望以所謂科學的方式論證的盼望——解放的盼望——成為矛盾。這矛盾只能透過用對待超自然的方式對待科學來解決——這正好是韋伊所謂的十九世紀的信仰。馬克思主義成了教條，其根源早在馬克思的思考中便已存在。

值得注意的是，韋伊對馬克思主義反思，儘管有獨特的柏拉圖主義與神祕主義思想根源，但卻可能沒有當時馬克思主義研究的最新進展。一九三二年，本書第一篇文章之前一年，馬克思早年的《一八四四經濟學哲學手稿》（巴黎手稿）才剛由蘇聯方面公開，

14 參見萊謝克．科拉科夫斯基，《馬克思主義主要流派：興起、發展與崩解》（卷三），台北：聯經，二〇一八。

15 安蒂岡妮（Antigone）是古希臘悲劇人物，伊底帕斯王的小女兒，為了給叛變兵敗身亡的哥哥安葬，不惜違抗國王的死刑禁令，在死後曝屍的哥哥身上放了一把土，並接受自己的死刑。

影響要到更晚才會出現[16]。至於當代對於馬克思手稿與其思想發展之關係的研究[17]，就更不可能是韋伊當時可能會有的思想資源了。然而韋伊確實意識到恩格斯對馬克思的作品可能產生的影響[18]，因此只能說，韋伊提出了許多同輩要到二戰後才開始思索的問題，並在其時代限制下，盡力回應。

三、代結語：韋伊與我們

韋伊的馬克思（主義）批判結束於未能完成的手稿。韋伊死後，二戰終結，冷戰開始，意識形態話語重新主宰了人們的政治思考，而存在主義哲學家們則開始高舉參與（engagé）的大旗。而曾經比誰都更積極參與的韋伊，則被當成了心靈高潔、苦修禁慾、精神超脫的現代聖徒，說來不無諷刺——儘管韋伊自己早說過，「那些想要思考、想要愛、想要全然純粹地將激勵他們情感與精神的事物置換到政治行動中的人，他們只能被割喉謀殺，甚至被自己的人民所拋棄，在死後被歷史所玷汙[19]。」如此說來，一點偏頗的再現算不上什麼。重要的倒是，我們是否能自己思考韋伊與我們的關係。

至今為止，韋伊著作中仍未被中文世界挖掘的，是韋伊對帝國主義與殖民主義的批判。這方面就連在英語世界裡，也只有一本文集，並且不算全面[20]。相對於此，因為中國施特勞斯學派的勃發，韋伊在中國進入了古典學的視野[21]。相較之下，英語世界的發展反而更接近本書的主旨。過去韋伊研究一直以神學與宗教哲學為主，然而隨著英語世界政治哲學的復甦，以及政治神學的興起，韋伊開始吸引英語世界這兩個領域學者的目光。除了重新找出過去不受重視的韋伊作品[22]，關於韋伊的論文集與專著也持續浮

16 參見孫善豪，《批判與辯證——馬克思主義政治哲學論文集》，台北：唐山，二〇〇九。

17 有興趣的讀者請參考萬毓澤，〈《資本論》的版本、系譜、爭議與當代價值：紀念《資本論》第一卷出版一百五十周年〉，收錄於卡爾·馬克思，《資本論》（全三卷），中共中央馬克思、恩格斯、列寧、斯大林著作，編譯局譯，台北：聯經，二〇一七。

18 見本書〈論列寧的《唯物主義與經驗批判主義》〉（一九三三）。

19 見本書〈對服從與自由的沉思〉（一九三七）。

20 Simone Weil，*Simone Weil on Colonialism: An Ethic of the Other*, Lanham: Rowman & Littlefield，2003。

21 Simone Weil，《柏拉圖對話中的神—薇依論古希臘文學》，北京：華夏出版，二〇一七。

22 例如：Simone Weil, *On the Abolition of All Political Parties*, New York: New York Review of Books, 2014。

現[23]，引發的對話包括韋伊與傅柯、德勒茲、巴特勒（Judith Butler）等當代哲學家的關係。最近的進展則是劍橋出版的當代政治哲學概論中，將韋伊與鄂蘭（Hannah Arendt）、歐克秀（Michael Oakeshott）、施特勞斯（Leo Strauss）、沃格林（Eric Voegelin）等政治哲學家並列[24]，足見韋伊的政治思想日益受到重視。

而身處東亞的我們，顯然會有和英語世界不同的眼光。韋伊在本書中批判的第三國際雖然結束於一九四三年，但第三國際建立的政權卻大多延續到東歐劇變與蘇聯瓦解為止，除了在這兩件國際政治大事之前執行八九年六四北京天安門大屠殺的政權。

要理解我們與韋伊的第三國際批判的關係，我們得回到一九三二年，本書第開篇前一年，史達林決定清理蘇聯共產黨史，他主導的成果就是一九三八年開始在《真理報》（*Pravda*）上連載、同年匯集成冊的《蘇聯共產黨黨史簡明教程》（*History of the All-Union Communist Party [Bolsheviks]: Short Course*）。該書當年迅速傳入中國，成為中國共產黨主要的宣傳與學習教材。本書中除了特定教條的宣導（例如社會發展五階段論、民主集中制等），重點在於路線鬥爭與階級鬥爭尖銳化：蘇聯革命史成了路線鬥爭史，史達林成功奪權則成了路線正確的依據。毛澤東的正統地位則是依照同樣的路線鬥爭詮釋確立的。

第三國際隨著二戰結束，但其教條的現實影響則延續下來。一九五六年，在史達林過世後，赫魯雪夫在蘇共二十大上發動批判史達林，在祕密報告中就批判了《蘇聯共產黨黨史簡明教程》，影響所及，本書停止出版，史達林在死後遭到全世界的批評，毛澤東與中國共產黨卻反而堅持史達林模式，不惜發動文化大革命。當然，對毛澤東而言，史達林功大於過，正如同毛澤東功大於過一樣。然而早在中華人民共和國建政之前，韋伊便已經批判過第三國際的意識形態，並且是從形上學、認識論到政治理論都包含在內的全面批判。而儘管自從改革開放以來，中華人民共和國似乎已經換了一張臉孔，但韋伊的思考卻因此更值得參考：她批判馬克思並不是因為支持自由主義市場經濟，對她而言，那都是同樣一種**把科學當信仰、把物質當神的世俗宗教**罷了——「自由主義的使徒〔……〕在談到生產時，用的是真誠的宗教語調[25]」，如此一來，中國成功企業家公開

---

23 在政治哲學方面，有Rebecca Rozelle-Stone & Lucian Stone編，*The Relevance of the Radical: Simone Weil 100 Years Later*, London: Continuum，2010；在政治神學方面，有Kwok Pui-lan等編，*Empire and Christian Tradition: New Readings of Classical Theologians*, Minneapolis: Fortress Press, 2007；Jane E. Doering, *Simone Weil and the Specter of Self-Perpetuating Force*, Notre Dame: University of Notre Dame Press, 2010。

24 見 Ronald Beiner, 'Simone Weil: The Politics of the Soul', *Political Philosophy: What It Is and Why It Matters*, Cambridge: Cambridge University Press, 2014。

25 見本書〈馬克思主義學說存在嗎？〉。

表示六四大屠殺是「最正確的決定」，也就沒什麼不好理解的。

如今，我們又再次處在韋伊當時的處境：共產主義彷彿形勢一片大好，國際上剛經歷過經濟蕭條，全球秩序似乎又處在危險平衡當中。韋伊的同時代人，不論是工運同志還是知識圈的文化人，沒幾個人聽得懂她在說什麼。如今，距離她宣布自己是布爾什維克，已經將近百年。共產百年的歷史還沒走完，而韋伊用靈魂對壓迫與自由所做的反思，我們是否比前人更有能力傾聽呢？這未必是肯定的事情……

目次

法文版序

（一九五五年）

我們此時出版的這部文集，是以西蒙．韋伊本人長年視為其主要作品的一份研究為核心，即〈反思自由與社會壓迫的起因〉一文。這篇長達一一四頁的打字稿，原本寫於一九三四年。西蒙．韋伊多次談及本文，不論是和周遭的親友，或是在我們所收集的信件裡。她每次如此宣稱，都證明了她賦予這篇鴻文特殊的重要性。附屬於本文的大量提綱、筆記與斷簡，也顯示了這篇作品在她生命中的特殊地位。直到一九四〇年，她在試圖離開法國時，還在信中告訴朋友：

……在巴黎，在我落下的公事包裡，有一份手稿，一份篇幅很長的打字稿，標題我忘了，但卷首有引自史賓諾莎的題詞。這篇文章主要分析的是政治與社會壓迫，討論這些壓迫恆常的起源、它們的機制，以及它們當下的形式。那是一九三四年的時候寫的，但也同樣十分符合當前的現實。我相信，這篇文章值得費心保存，不應就此消失。然而我不知道把它帶到您家裡是否為謹慎之舉。您留著自己讀、自己評判吧……先前沒讓這篇文章付梓出版，我現在非常後悔。起初，因為形式上的缺點，我希望能重新寫過，但我的身體狀況一直不允許。這篇文章現在沒法出版了。相反地，詩倒是可以出版，我想。我把它託付給您。請別忘記。因為它已經不在我手上了，而我們也無法預知未來如何，我離開時並沒有還能回來的想法。這並不只是因為眼前形勢的理由。我一直都有自己會這樣離開的念頭。

眼前這部文集，收集了西蒙．韋伊在社會與政治批判上的研究，而〈反思自由與社會壓迫的起因〉闡發了主導其他所有篇章的主要論點，因為這是作者特別憂慮的問題，是西蒙．韋伊永遠無法擺脫的折磨，這折磨甚且主要是在她的宗教思想之中：不義帶來的折磨。

無論如何，在馬克思之後，西方就未再產生任何更具穿透力、更具有預言性質的政治與社會思想，而本書將詳盡檢視他的教義。在一九三五年，韋伊將這篇作品交給阿蘭後，阿蘭在信件中對她做出如下的回應：

（……）您這篇作品是最上乘的作品；希望能有後續文章，重新闡述所有的概念，社會分析也得重做一次。您的典範將勇氣給了對本體論與意識形態感到失望的各個世代。「批判」正等著他的工人。您是否能擬一份提綱？或者僅只是草擬也行。無論如何，您最新的這篇作品指出了一條寬敞的大道。《自由評論》現在只捕捉各種碎碎片片的想法，未來可能會成為《批判筆記》。請考慮一下。（……）

我認為，重要的是，一篇純粹批判的作品中，應該排除對於蘇聯的攻擊。對於官僚體制的分析（舉個例），絲毫不應建立在對史達林政府的調查之上。（同樣地，對於整體物理學的純粹批判而言，愛因斯坦的作品也不是合適的對象。）知識本身就會產生運用；這是知識的風險。但批判應該免於錯誤與重述。而此處最嚴重的錯誤，應該是混淆了質料與形式。對象永遠不能給出證明。（……）

一份極為新穎的作品。（康德還是）應該會小心避免一切論戰的表象。我跟您這麼說，因為我心裡就是這麼想的。但我可以肯定，如果《自由評論》刊出您的作品，您的文章將能完全依照您想要的樣子面世。我甚至相信，您在〈壓迫〉中的分析以及您關於工作的學說，其意義絲毫不會被政治熱情所減損。我深信，這一類作品，形式上完全屬於您，內容既嚴肅又嚴謹，又有連續性與整體性，只有這類作品能開啟下一個未來與真正的革命，其弧線無限地接近當今的混亂（或當今的秩序）。這些解釋都說得不好；但同時我也沒什麼需要向您解釋的。我眼中看來確切無疑的只是：能讓您離開自己的天職的，只有義憤。請記得我的話：厭世是種錯誤……您的兄弟[1]，阿蘭。

1 校註：此處阿蘭用的字眼是Fraternellement，和法蘭西共和國國家格言的最後一字「博愛」（fraternité），同樣源自於拉丁語的兄弟（frater，法語為frère）。韋伊在阿蘭門下時，已經是積極的社會主義者，也因為表現得相當中性，在學校中被稱為「紅色貞女」。阿蘭在此處的落款反映了兩人間亦師亦友的關係。

前景：我們是否正朝著無產階級革命邁進？

《無產階級革命》，一五八期，一九三三年八月二十五日

為了空洞的盼望而頭腦發熱的凡人，
我對他們只有鄙視。

——索福克勒斯[1]

許久之前早已預見的時刻到了，資本主義正要看著自己的發展，被無法跨越的極限給打斷。無論我們如何詮釋「資本」積累的現象，顯然資本主義根本上指的就是經濟擴張，而資本主義式擴張，距離迎頭撞上地表極限的時刻已然不遠。然而社會主義卻未曾

1 譯註：英文版在引文與作者名後加上：《埃阿斯》（*Ajax*），四七七—四七八。埃阿斯指的是《荷馬史詩》記述中的大埃阿斯，是特洛伊戰爭中希臘軍方面的英雄，曾與赫克托對戰平手，在阿奇里斯死後，埃阿斯成為希臘軍中最強者，但因有勇無謀，最終自刎。

顯現一絲即將到來的跡象。我們正處於轉型的時期；但轉型成什麼？沒有人有一丁點概念。更驚人的是這種毫無自覺的安全感，讓我們在這轉型過程中彷彿處於某種確定的狀態中，以至於幾乎在任何地方，對於體制危機的評論，都成了老生常談。當然，我們永遠都可以相信，社會主義終將在明天之後到來，並讓這種信仰變成某種責任或是德性；只要我們日復一日地將明天之後理解為眼前這天的後天，我們就能確保自己永遠不會失望；但這樣的精神狀態，和那些勇敢地相信——好比說——末日審判的人，幾乎沒有區別。如果我們想要像個男人一樣地通過這個幽暗的時代，我們就得像索福克勒斯筆下的埃阿斯一樣，必須要克制自己，不要為了空洞的盼望而腦袋發熱。

*

在整個歷史上，為了解放被壓迫者，人類一直在鬥爭、受難、死去。他們的努力儘管並未淪為徒勞，但除了以某個壓迫性政權取代另一個之外，從沒獲得別的成果。馬克思曾經注意到這點，他相信能夠以科學的方式證實：我們的時代已然不同，被壓迫者的鬥爭，現在將獲得某種真實的解放，而非某種新的壓迫。正是這個宛如某種信經[2]一般持續存在於我們當中的觀念，必須加以重新檢視，除非我們打算執拗地閉眼不看過去二十年來的事件。讓我們免於那些人[3]的幻滅，他們在為**自由**、**平等**、**博愛**戰鬥過後，在一個美好的日子裡發現：他們所獲得的，如馬克思所說，是**步兵隊**、**騎兵隊**與**砲兵隊**[4]。他們原本還能從歷史的驚嚇中得到某種教訓；更悲慘的是那些在一七九二或一七九三年殞歿的人[5]，他們在大路旁或是邊境上，相信自己為人類的自由付出了自己的生命。如果我們終將在未來的戰役中逝去，那就讓我們盡力為自己的消逝做好準備，以澄明的目光，看清這個我們將要拋下的世界。

巴黎公社[6]已經給了我們一個範例，不單是工人群眾在運動中的創造性能力的範

2 譯註：**article de foi**，可指信經，即基督教傳統中的信仰告白，亦指強烈的信念，但考慮到韋伊的中心思想，她在此很可能是一語雙關，故採取台灣較不熟悉的詞彙。

3 譯註：指法國大革命時期與資產階級一起起義的無產階級人民。

4 校註：出自馬克思，〈路易．波拿巴的霧月十八〉。

5 校註：指法國大革命後，參與法蘭西第一共和與（神聖羅馬帝國為首的）反法同盟之間爆發的法國大革命戰爭，並在戰爭中喪生的法國軍人。

6 譯註：**la Commune**，指一八七一年的巴黎公社，起因是普法戰爭結束後，第三共和政局動盪，戰勝國普魯士的要求也激起人民政治情緒，再加上工人運動的影響，導致巴黎市民先是成立自衛軍，要求並建立自治政府，實行社會主義民主，並於三月二十六日舉行選舉，但從四月二日開始與凡爾賽的政府軍起衝突，並導致五月二十一至二十八日政府軍大肆屠殺的「血腥的一周」。

例，同時也是在反抗有組織的壓制時，自發性運動在根本上的無力的範例。一九一四年八月[7]標誌了無產階級大眾組織在體制框架中的失敗，不論是在政壇上，或是在工會的領域裡。打從那時起，就應該徹底放棄對這種組織模式所寄予的盼望，曾經抱著這種盼望的不只是改良主義者，還有恩格斯。相反地，一九一七年十月[8]將會開啟全新而燦爛的展望。我們終於找到方法，能將合法行動與不合法的行動相連結，將有紀律的運動者的系統工作與大眾自發的激憤相連結。應該在世界各地建立共產黨，以傳遞布爾什維克黨[9]的知識；共產黨應該取代社會民主黨，早在一九一四年八月，羅莎・盧森堡[10]就說社民黨「臭如腐屍」，很快就會消失在歷史的舞台上；共產黨應該會在短時間內掌握權力。在一八七一年的巴黎之後，緊接著是一九〇五年工人在聖彼得堡自發創造的政權，應會穩固地在俄羅斯矗立，並將很快地覆蓋整個文明世界的表面。確實，外國粗暴的帝國主義介入，可能會碾碎俄羅斯的革命，使這些美好的展望歸於虛無；但除非發生了這樣的事情，不然，列寧和托洛斯基肯定已經在歷史中，準確地導入這一系列的轉化，而非別的轉變。

十五年就這樣流過了，俄羅斯革命並未被碾碎。而它外在與內在的敵人也都被擊潰了。然而，在地球表面上的任何地方，包括在俄羅斯境內，都沒有什麼蘇維埃[11]，都沒

7 譯註：第一次世界大戰爆發，法國在一個月內失去北方，直到九月初的馬恩河戰役才守住戰線。

8 校註：指俄羅斯的十月革命。

9 校註：**Parti bolchevik**，通常被用作俄羅斯共產黨（俄共）與蘇聯共產黨（蘇共）的代稱。原本布爾什維克是俄國社會民主工黨當中的一個派別。此派的領袖列寧主張應建立以少數職業革命家為核心的民主集中制，因而在一九〇三年的俄國社會民主工黨第二次代表大會上，與主張信任群眾自發性的孟什維克派分裂。布爾什維克源自俄文「多數派」（большинство, bol'shinstvo），但事實上要等到十月革命後，布爾什維克派奪權，以宣布違法的方式清洗孟什維克派之後，才真正成為多數派，也因此成為實質的政黨主體，並於一九一二年改名為俄共，在一九五八年改名為蘇共。

10 校註：羅莎・盧森堡（Rosa Luxemburg, 1871-1919），德國馬克思主義思想家與革命家，德國共產黨奠基人。曾與同志李卜克內西（Karl Liebknecht, 1871-1919）於一九一五年成立馬克思主義反戰組織「斯巴達克斯同盟」（Spartakusbund），反對帝國主義、反對德國參與一戰、批判德國社會民主黨中的右翼領導。該組織於一九一八年十二月建立了德國共產黨。在一九一八年德國十一月革命導致德皇威廉二世退位後，一九一九年一月的第二次革命並未得到羅莎・盧森堡的支持，但領導聯合政府的社民黨主席艾伯特（Friedrich Ebert）與國防部長都同意，以半軍事組織「自由軍團」（一七五四年七年戰爭時期建立，後來部分團員加入納粹黨）殘酷鎮壓第二次革命，羅莎・盧森堡和李卜克內西皆在此時遭到暗殺。

11 譯註：**Soviet**，韋伊在此指的是蘇維埃一詞在俄語裡真正的意思：代表會議。韋伊以此表明：俄羅斯十月革命成功，雖然建立了俄羅斯蘇維埃聯邦社會主義共和國（蘇俄），並於一九二二年與白俄羅斯、烏克蘭與外高加索等其他蘇維埃社會主義共和國聯合為蘇維埃社會主義共和國聯邦（蘇聯），但蘇維埃原本的民主精神卻未被實現。

有什麼貨真價實的共產黨。「臭如腐屍」的社會民主黨十五年來持續敗壞政治氣氛，而這完全不是屍體會做的事；若說它最後終於大體上被掃除乾淨了，那完成這工作的，也是法西斯主義，而不是革命。誕生於十月的政權[12]，原本若非擴張就是消亡，而十五年來，這個政權在自己國境之內，已經很好地適應了環境；而現在它在國境之外所扮演的角色，正如在德國的事件所清楚顯示的，是要掐死無產階級的革命性鬥爭。反動的資產階級終於體認到自己正要失去一切擴張的力量，並自問：為了未來的戰爭，此刻是否不能和蘇俄政權建立攻守同盟，以利用這個政權（參見五月二十七日的《德意志匯報》[13]）。說真的，這個政權非常像是列寧以為自己建立了的那個政權，就它幾乎徹底排除了資本主義所有制而言；但在其他所有方面，卻都恰好是其對立面。實質的言論自由已不復存在，取而代之的是，不論是以印刷、打字、手稿，甚至是單純地以言說的形式，都不可能表達某項自由的判斷，而不冒著被關進集中營的危險；在蘇維埃體制的框架底下，政黨的自由競爭已不復存在，取而代之的是「一黨掌權，他黨下監[14]」；原本共產黨注定要為了自由的合作，將那些最忠誠、最有意識、最具有文化與批判精神的人集結起來，但這樣的共產黨已不復存在，取而代之的是單純的行政機器，書記處手上一件被動的工具，照托洛斯基自己的話說，不過是徒具黨的名字罷了；以民主方式運作來領導經濟與政治生活的蘇維埃、工會與合作社都已不復存在，取而代之的那些機構，雖然頂著相同的名稱，卻已被削減為單純的行政機器；為了確保能獨力抵禦外侮與守護境內秩序而組織起來的武裝民兵已不復存在，取而代之的是常備軍和警察，他們非但不受控制，武裝還遠勝沙皇的部隊百倍；最後也最重要的是，在等待「每個廚師都能學會如何治理國家[15]」的那刻到來前，原本應該要確保政府運作、經由選舉產生、持續受到監督、並可免職的公務員，業已不復存在，取而代之的是常設的、無法究責的、自行遴選成員的官僚體制，這個體制藉由將一切經濟與政治權力集中到自己手上，掌握了歷史上前所未見的巨大權勢。

像這樣的一個政權是全新的，這使它變得難以分析。托洛斯基堅持聲稱這是「無產

12 譯註：指十月革命後建立的蘇俄。

13 譯註：《德意志匯報》（*Deutsche Allgemeine Zeitung*，發行於一八六一至一九四五年）。

14 校註：引自湯姆斯基（Mikhaël Pavlovitch Tomski, 1880-1936）的《工會、黨、國家》。（參見全集版註）

15 校註：西蒙．韋伊此處引述的是一篇列寧作品的誤譯，正確的內文如下：「我們並非烏托邦主義者。我們知道最好的體力工人或是最好的廚師無法立刻參與國家的治理。然而（……）我們要求（……）所有的工人、所有貧窮的公民，要毫不延遲地開始參與到治理國家的學習當中。」見列寧，〈布爾什維克能保持國家政權嗎？〉（參見全集版註）

階級專政」，是一個「工人國家」，儘管有某些「官僚主義的扭曲」，而對這樣一個政權而言，就其擴張或消亡的必然性而言，他和列寧所搞錯的就只是期限而已。但是當量的錯誤達到了某種規模，我們就能相信這是某種質的錯誤，換句話說，錯的是這個我們想要定義其存在條件的政權的性質本身。另一方面，稱一個國家為「工人國家」，但卻又解釋說：在經濟與政治上，這個國家的每個工人，都完全任憑一個官僚種姓擺布，這似乎是個惡劣的笑話。至於他所謂的「扭曲」，在一個所有特徵都與一個工人國家理論上的特徵徹底相反的國家裡，這個字眼特別格格不入，彷彿是在暗示：這個史達林式的政權，是某種俄羅斯革命的異常或是病態。但病態與常態之間的區別沒有什麼理論價值。笛卡兒說過，一個出了問題的鐘，並不是鐘錶原理的例外，而是某種不同的機器，它服從於自身的原理[16]；同樣地，這個史達林式的政權，也不應被視為一個出了問題的工人國家，而應視之為某種截然不同的社會機器，由構成這個機器的各種機關所界定，其運作方式則符合這些機關的本性。這些機關在一個工人國家裡，應該是由工人階級以民主方式組成的組織，而史達林政權裡的機關，則清一色是集中化行政底下的部門，而整個國家的經濟、政治與精神生活，則都得仰賴這些機關。對於這樣一個政權而言，「擴張或是消亡」的困境非但不再真實，甚且不再具有意義；史達林的政權，作為一個行使壓迫的政權，和法蘭西帝國對其鄰國一樣具有傳染性。認為史達林的政權只不過是個過渡階段的觀點，不論是過渡到社會主義，還是過渡到資本主義，看來都是同樣武斷的觀點。對工人的壓迫，並不是邁向社會主義的一個不證自明的階段。在馬克思看來，「官僚的、軍事般的機器」，對於透過簡單地累積成功的改革，持續向著社會主義邁出步伐的可能性而言，是種貨真價實的障礙；毫無疑問，這架機器並未失去這種特性，因為和預期相反，它在資本主義經濟中活了下來。至於資本主義的復辟，這只能產生自某種殖民活動，這種復辟完全是可能的，理由是所有帝國主義所共有的貪婪特質，以及蘇聯在經濟與軍事上的衰弱；然而，至今為止，各個帝國主義勢力之間的競爭，使得各方力量之間的比例未能壓倒俄羅斯。無論如何，蘇維埃官僚體系絲毫沒有轉向屈服的樣子，因此，在任何意義上，「過渡」這個字眼都是不恰當的。沒有什麼能讓我們斷言：俄羅斯國家的官僚體制在自己的統治之外，會為別種統治鋪路，不論是無產階級還是資產階級的統治。事實上，布爾什維克主義所訓練的戰士們一直藉由各種尷尬的解釋，試著讓自己避免承認一九一七年十月所提出的展望當中的根本錯誤，而這些解釋則和這些展望一樣建立在偏見之上，這偏見就是下面這句被當成教義的斷言，認為當前只會有兩種類型

16 校註：參見笛卡兒，《形而上學的沉思》（*Méditations métaphysiques*），〈第六沉思〉。（參見全集版註）

的國家，即資本主義國家與工人國家。對此教義而言，誕生自十月革命的這個政權的後續發展，帶來了最慘重的失望。至於工人國家，它從來沒在地表上存在過，除了在一八七一年的巴黎還曾經存在過幾個星期，以及或許在一九一七和一九一八年的俄羅斯存在過幾個月。相反地，十五年來，這個統治了六分之一個地球的國家，卻和任何其他國家一樣具有壓迫性，而它既不是資本主義國家，也不是工人國家。馬克思肯定沒有預料到過任何與之相似的東西。但對我們而言，馬克思並不如真理來得珍貴。

我們時代的另一個致命的現象——我指的是法西斯主義——也不比俄羅斯國家更容易套進古典馬克思主義的綱領之中。當然，在這個主題上，也有些陳腔濫調的說法，專用於讓人免除艱難的反思義務。正如同蘇聯是個多少被「扭曲」了的「工人國家」，法西斯主義則是個建立在譁眾取寵之上的小資產階級群眾運動，是「資產階級在革命勝利之前的最後一張牌[17]。」因為工人運動的墮落，讓理論家們將階級鬥爭描述為一場決鬥，或是一場有意識的對手之間的遊戲，而每一樁社會或政治事件，則都被描繪為對手的某種詭計；這種想像和唯物主義之間的關係，並不會比和希臘神話的關係更多。少數的巨富、大工業和反動派政治人物，有意識地捍衛他們所認為的資本主義寡頭統治集團的政治利益；但他們完全無法像法西斯主義一樣，挑起或是避免挑起這樣一場群眾運動，甚至連操縱一場運動都做不到。事實上，對於法西斯主義，他們有時給予協助，有時與之鬥爭；他們徒勞地試圖將它馴化為溫順的工具，最終自己卻在它面前屈膝下跪。確實，正是因為一個被激怒的無產階級的存在，讓他們覺得這種屈服是兩權相害取其輕。然而法西斯主義絕不只是一張他們手上的牌。就此而言，希特勒把胡根堡[18]像個傭人般辭退，並且還不顧克虜伯[19]的抗議，其做法之粗暴意味深長。同樣不應忘記的是，法西斯主義徹底終結了誕生於資產階級政權的政黨競爭，而任何資產階級專政政權，就算是在戰時，也還未曾廢除過這種競爭；為了取代政黨競爭，法西斯主義建立了某種結

17 校註：根據全集版的註釋，當時國際社會主義運動一般認為法西斯主義是資產階級在經濟危機時的反動，這是一九二八年第五次共產國際大會所提出的看法，這是導致當時共產黨與社會民主黨無法形成統一戰線的原因之一。

18 譯註：指Alfred Ernst Christian Alexander Hugenberg（一八六五—一九五一），德國二十世紀初巨富與政治人物，媒體大亨，曾任職於希特勒的第一屆內閣，希望能掌控希特勒作為「工具」，但在一年內就被邊緣化，一直到二戰結束都沒有政治影響力。

19 譯註：指Alfried Krupp（一九〇七—一九六七），出身德國克虜伯家族，大工業家，在二戰期間掌控了歐洲納粹占領區的工廠，涉入大屠殺，本人在二戰後被定讞為「反人道罪」。

構多少相似於俄羅斯政權的政體，就像托姆斯基[20]所說的定義：「一黨掌權，他黨下監」。我們還可補充的是，黨對領導人機械般的順從，在這兩個例子上是一樣的，在這兩個例子上，也都是透過警察機構得以確保的。但若沒有經濟上的絕對權力，政治上的絕對權力就一無所是；同樣地，法西斯主義試圖讓自己在經濟領域上接近俄羅斯的政權，方法是將經濟與政治上的權力，集中到國家領袖的手中。但在這個領域裡，法西斯主義迎頭撞上了它所不願摧毀的資本主義所有權。這裡有個我們難以預見其後果的矛盾。然而，正如同俄羅斯國家的機器（**mécanisme**）不能以單純的「扭曲」加以解釋，法西斯主義這個根本的矛盾也不能以單純的譁眾取寵加以解釋。我們能確定的是，如果義大利法西斯主義只有在經過多年漫長的努力、耗盡了自身的衝動之後，才獲得了集中的政治權力，那相反地，國家社會主義[21]在不到六個月的時間裡，就取得了相同的成果，並保留了巨大的能量，試圖走得更遠。尤其是，正如某間匿名的德國大公司在報告中所指出的——《人道報》在引述時並未意識到其中的重要性——面對國家支配的威脅，資產階級深感憂慮。希特勒還確實設立了某些擁有至高權力的機關，可以判決工人或老闆十年的強迫勞動，並將企業充公。

為了不計代價地將國家社會主義放進馬克思主義的框架，人們徒勞地試圖（甚至是在運動內部）在下層階級與大老闆之間（前者出於本能而成為社會主義者，後者則代表大資本的利益，以譁眾取寵、愚弄大眾為務），找到某種階級鬥爭的偽裝形式。首先，希特勒和他的代理人們，不論他們和資本獨占者們的關係為何，沒有什麼能讓我們無可置疑地斷定他們就只是單純的工具。特別是支持希特勒的群眾的傾向，如果說他們激烈地反對資本主義，他們也完全不是什麼社會主義者，不會比大老闆們鼓動人心的宣傳所說的更社會主義；因為他們並不想將經濟活動重新交到生產者民主地組織起來的群體手中，而是交到國家機器（l'appareil d'État）手中。然而，儘管長期以來，改良主義者和史達林主義者已經讓人忘記了這點，但社會主義指的是：經濟上的至高權力屬於勞動者，而非官僚而軍事化的國家機器。因此，我們所謂的希特勒主義運動的「國家—布爾什維克」側翼，絲毫不是什麼社會主義。由此，主宰我們這個年代的兩大政治奇觀，都不能擺進階級鬥爭的傳統圖像。這同樣適用於戰後[22]出現的一系列當代運動，它們和史

20 譯註：托姆斯基Mikhail Pavlovich Tomsky（一八八〇—一九三六），工人出身的俄羅斯布爾什維克黨員，曾任蘇聯共產黨中央政治局委員。

21 校註：指德國納粹黨。

22 譯註：指第一次世界大戰。

達林主義與法西斯主義的親緣性難以忽視。例如，在德國《行動》[23]雜誌底下聚集了一群年輕而傑出的經濟學家，與國家社會主義極端親近，並將蘇聯視為未來國家的模型，只差沒有廢除私有財產；他們現在正在鼓吹俄羅斯與希特勒德國之間的軍事聯盟。在法國，我們有某些圈子，例如《計畫》[24]雜誌，在其中我們也看到了類似的曖昧觀點。然而在這方面最值得注意的運動，是據說在短時間內便橫掃美國境內的技術官僚運動[25]；我們知道他們主張在封閉的國家經濟體系的限度內，廢除競爭與市場，並鼓吹由技術專家作為至高者，在經濟上施行專政。這個運動經常被拿來和史達林主義與法西斯主義相比，但影響卻更為深遠，它在哥倫比亞大學的知識份子圈子裡似乎並非毫無影響力，而這些人此刻正是羅斯福的顧問。在這一股思潮當中，有某種絕然全新的東西，將純屬自身的特性賦予了我們的時代。而且，當前的時代，儘管如此困惑，卻又充滿了各式古今政治潮流，似乎一無所缺，獨缺那場預期中將成為時代之根本特徵的運動，亦即在經濟與政治上解放勞動者的鬥爭。確實有一小撮老工會主義者和真誠的共產主義者散落在各地，為了一些晦澀難解的爭論而四分五裂；甚至還有某些小組織存在，維持著近乎不受玷汙的社會主義的口號。但是在經濟與政治領域上由勞動者合作管理的社會，這樣的理念幾乎已經不再能引領任何群眾運動，不論是自發的還是有組織的運動；而這竟然發生在這樣的時刻：在任何領域，人們唯一關注的就是資本主義的垮台。

在這樣的狀況下，如果我們還想直面現實，我們就不得不自問：資本主義體制的後繼者，是否會是另一個壓迫的體制，而非生產者的自由聯合。針對這個主題，我想以純屬假說的名義，提出一個觀點供同志們檢視。我們可以簡短地說，人類至今已經認識了兩種主要的壓迫形式，第一種是奴隸制或農奴制，以軍事力量之名行使壓迫，另一種，則是以轉化為資本的財富之名行使壓迫；我們要知道的是，在它們之後，此刻是否正緊接著出現另一種全新的壓迫，一種以官職為名行使的壓迫。

*

就連馬克思的著作本身都清楚表明了：半個世紀以來，資本主義已經在性質上經歷了各種深刻的變化，並造成了壓迫機制本身的轉變。這種轉變在馬克思死後才發生，並

---

23 譯註：*Die Tat*，德國政治文化月刊，創立於一九〇九年，從一九一二年起由耶拿的Eugen Diederichs出版。

24 譯註：*Plans*，於一九三〇至一九三二年間發行於法國的一份前衛文化雜誌。

25 譯註：**movement technocratique**，主張由技術官僚和專家取代政治家和商人，又稱專家治國。

延續到我們的時代，而且特別是在戰後的時期，轉變的節奏加快了。在馬克思的著作中已經顯示出，界定資本主義的現象，即勞動力的買賣，已經在巨型工業的發展過程中，變成了壓迫勞苦大眾的次要因素；就勞動者所受的奴役而言，在勞動市場上的關鍵時刻，並非他將自己的時間賣給老闆的那一刻，而是在他剛跨過工廠的門檻、突然被企業一口吞下的那刻。在這個主題上，我們都知道馬克思的格言：「在工藝鋪和手工工作坊中，勞動者利用工具；在工廠中，他卻得為機器所用。」「在工廠中有某種獨立於工人的死亡機器，將他們當成活生生的齒輪吞下。」「（勞動者與勞動條件之關係的）翻轉，若是沒有機械化，就不會成為技術本身可掌握的現實。」「精神力量在生產過程中與體力勞動的分離，以及其成為資本對勞動之壓迫性力量的轉化，徹底完成於（……）建立在機器之基礎上的大型工業中。在機械底下勞動的工人（……）之個體命運的細節，宛如無關緊要的瑣事一樣，消失在凝聚於機器系統中、構成主人之力量的科學、驚人的自然力量與集體勞動面前[26]。」如果不計可視為純屬過渡性質的手工工作坊，那我們便可認為：在小工坊時期，受薪工人受到的壓迫，首先主要是建立在各種所有權與交易的關係上，但藉由機械化，這種壓迫已經變成生產的技術本身所包含的各種關係的一個單純的面向。金錢在勞動力的買方與賣方之間創造了某種對立，而在此之上，又增加了另一種由生產工具本身所創造的對立，亦即在擁有機器的人與被機器擁有的人之間的對立。

俄羅斯的經驗已經說明了，和馬克思倉卒的假定相反，在這兩個對立當中，不需要讓第二個對立消失，就可以消除第一個對立。在資本主義國家裡，這兩種對立同時存在，而這種共存創造出巨大的混亂。將自己賣給資本又為機器所用的是同一群人；相反地，擁有資本又掌握企業的卻未必總是同一群人。事實上，在不久之前，還曾經存在著這樣一類工人，他們雖然領薪水，但卻不只是為機器所用的活齒輪，相反地，他們在工作中使用機器時，所擁有的自由、積極性與投入的智力，都和操控工具的工匠一樣；他們是技術工人（ouvriers qualifiés）。在每個企業中，這類工人都是生產的根本要素，但因為理性化措施[27]（rationalisation），他們已經近乎消失了；如今，一名機器校準工得按照他應執行的工作之需求，負責設定一定數量的機器；只能運作一種機器、也只能操作一台這種機器的專門操作工，在他的指令底下，以某種永遠一成不變的動作完成工作，智力在其中毫無地位可言。因此，現在的工廠分屬於兩個判然有別的陣營：一邊是嚴格說來沒有任何主動性卻執行工作的人，另一邊則是什麼也不執行卻指揮工作的人。在企業的這

26 校註：根據全集版，韋伊的引文出自馬克思，《資本論．卷一》。

27 校註：rationalisation在經濟領域，指的是改變生產流程，以追求實現最大生產效率，例如以機械取代人力成本就是常見的做法。

兩部分人員中間，機器本身成了一道無法跨越的障礙。同時，股份有限公司體制的發展，也在領導企業的人和擁有企業的人中間創造了一道障礙，儘管事實上較不明顯。美國經濟學家龐德[28]曾經指出，像福特這樣既是資本家又是公司執行長的人，在我們的時代裡似乎是個過去的倖存者。帕勒夫斯基在他一九二八年出版的書裡寫道：「企業越來越傾向於脫離產業的負責人，即企業原本的經理人老闆（……）慢慢地，大亨征服者的年代將只屬於過去。我們進入了一個可稱為管理技術專家的年代，而這些技術專家同工程師與資本家之間的距離，和工人一樣遙遠。老闆已經不再是主宰企業的資本家了，他已經被技術專家的委員會給取代了。我們還活在這個非常晚近的過去當中，心智上多少還有點難以掌握這個演變[29]。」

這又是個馬克思早已察覺到的現象。只是，如果說在馬克思的時代，行政人員完全就只是一個服務於資本家的受雇者團隊，那在我們的時代，面對淪為單純的寄生蟲角色的小股東，和主要只關切財務操控的大資本家，「管理技術專家」形成了一個清楚的階層，他們的重要性與日俱增，並以各種方式吸收了大量的利潤。羅哈[30]在他探討蘇聯的著作中，分析了官僚體制所行使的剝削機制，並指出：「定期執行、固定額度」的「官僚的個人消費」——整體而言和他們在公務上付出的價值不成比例的消費——實行上幾乎獨立於必要的資本儲備，只有當「行政成本」——亦即官僚的需求——得到清償後，才會得出「盈利」欄底下的數字；他拿這個體制和資本主義體制相比，後者是「必要資本儲備優先於紅利支付」。但是他忘了，儘管資本儲備先於紅利支付，但資本主義國家的「行政成本」就和蘇聯完全一樣，也是先於資本儲備的。這個現象從未像今天一樣驚人，如今企業面臨破產邊緣，工人被大量資遣，工人的生產降到產能的三分之一或四分之一，卻幾乎毫髮無損地保住了管理階層人員，包括少數報酬豐厚的經理和部分薪資微薄的受雇者，但數量上卻與生產的步調不成比例。結果是，在企業中出現了三個判然有別的階層——工人，企業中被動的工具；資本家，其宰制基礎是正在傾頹中的經濟體系；以及管理人員，與前者相反，他們仰賴於技術，而技術的發展只會不斷增加他們的權力。

28 校註：根據全集版，這位「美國經濟學家」正是指詩人暨作家伊斯拉．龐德（Ezra Pound），聞名作品有《詩章》（*Cantos*）。西蒙．韋伊在此指的是一九三三年出版的小冊子《經濟學ＡＢＣ》。

29 校註：根據全集版，韋伊此處的引文出自Jean-Paul Palewski，《企業主的歷史》（*Histoire des chefs d'entreprise*），Gallimard，一九二八，頁二四七—二四八。

30 校註：根據全集版，此處指的是Lucien Laurat（一八九八—一九七三），奧地利人Otto Maschl的筆名，是法國馬克思主義活動家暨評論家蘇瓦林（Boris Souvarine）的重要夥伴。此處引述的作品是《蘇維埃經濟體制》（*L'Économie soviétique*），Valois，一九三一。

官僚因素在工業中的興起，只是某種極為普遍的現象中特徵最為顯著的一個面向。這個現象的根本，是日益嚴重的專門化過程。目前在工業部門裡發生的轉變，即有能力理解與操縱多種機器的技術工人，被專殊化的、自動訓練為只能為單一機器所用的低技術工人所取代，這種轉變，正是在所有領域中演變的形象。如果工人們越來越缺乏技術知識，那技術專家們則經常缺乏對於工作實務的認識，而在許多情況中，他們的能力也僅限於某個完全受限的領域；在美國，他們甚至已經開始為特定類型的機器培育專門的工程師——就像缺乏技術的平凡工人一樣；而值得注意的是，蘇聯已經急著要在這點上模仿美國。此外，在這種趨勢下，技術專家顯然會忽視他們所應用的知識的理論基礎。至於科學家們，他們非但與技術問題脫節，甚者還完全缺乏整體觀，而這恰恰是理論性的文化的本質。在全世界，有多少科學家對自己學科的歷史與發展有點概念，我們用手指就可以數得出來；在自己的領域之外的科學，他們沒有一個是真正稱職的。而既然科學是個不可分割的整體，我們可以說，現在已經不再有確切意義上的科學家，只有執行科學工作的低技術工人，是整套機制裡的齒輪，但他們的心靈對這整套機制卻毫無理解。這樣的例子數之不盡。幾乎在所有領域，個體都被囚禁在有限技能的界線之內，感到自己被某種超乎自身之上的整體給逮住了，為了這個整體，他必須規範自己的所有活動，但卻無法理解其運作方式。在這種處境底下，最重要的職務，也就是只為了協調而存在的職務；我們可以稱之為行政或是官僚職務。官僚體系侵入近乎人類活動的所有分支的速度，我們只要一想就會感到瞠目結舌。一個人在理性化的工廠裡會發現：為了被動的機器的利益，他可能會被剝奪任何與積極性、智力、知識、方法有關的事物，這樣的工廠就像是我們當前社會的寫照。因為，對於官僚機器而言，儘管構成它的是有血肉的人，並且是酒足飯飽的有血肉的人，但卻和鐵與鋼所打造的機器一樣不負責任而無意識。社會的整體演變正傾向於發展各種形式的官僚壓迫，並在確切意義上的資本主義方面，賦予官僚某種自主性。我們的責任是，要對這個新的政治因素給出清楚的定義，比馬克思所能做到的更為清晰。事實上，馬克思清楚地意識到官僚體制所產生的壓迫力量。他清楚地看見，對於帶來解放的改革而言，真正的障礙並非交易與所有權的體系，而是國家的「官僚與軍事機器」。他完全理解，社會主義所必須消除的最可恥的瑕疵，並不是受薪工人，而是「在體力勞動與心智勞動之間可恥的區分」，或者，按照另一句格言的說法，是「勞動的精神力量與體力勞動之間的分離。」然而馬克思卻未曾自問，這是不是另一套問題，獨立於確切意義上的資本主義經濟之運作所提出的問題。儘管他目睹了資本主義企業中所有權與職能的分離，他卻未曾自問：行政職能既然是永久的，那是否不能在無涉任何所有權之壟斷的情況下，生出另一個全新的壓迫階級。然而，儘管我們對於一場革命如何能「剝奪剝奪者」已經看得極為清楚，我們卻沒能看見，一種建立在執行者對於協調者的服從之上的生產模式，如何能不自動產生某種以官僚種姓的專政來界定的社會結構。並不是我們無法想像某種管控與運作系統，以重建國家和工業生產過程本身當中的平等；然而在實際上，當一個社會階層發現自己擁有對隨便什麼事物的壟斷，它就會把這種壟斷攢在手裡，直到它自身的基礎被歷史進程所侵蝕為止。封建制度就是這樣倒的，推倒它的，不是將武力攬在手中的人民大眾的壓力，而是以商業取代戰爭作為主要支配手段的做法。同樣地，不論合法的所有權制度為何，以行政職能的行使來界定的社會階層，永遠都不會同意向勞動大眾開啟通往管理職的大門，教導「每個廚師如何治國」，或是教導每個低階工人如何經營企業。在歷史中，任何單一階級支配另一個階級的體制，總的來說，都對應著某個支配性的社會職能與一個或幾個從屬的社會職能之間的區隔；因此，在中世紀，相對於保鄉衛土的武力，生產是某種從屬的事物；在接下來的階段，生產活動基本上已經工業化了，但卻從屬於貨物的流通。等到生產性勞動本身成為支配性職能時，就會有社會主義；但若是藉由機器的中介，讓確切意義上的勞動依舊從屬於協調各種勞動的職能，只要這樣的生產體系繼續存在，社會主義就無法產生。任何沒收徵用的做法，都無法解決這個問題，而俄羅斯工人的英雄主義就是被這個問題給摧毀的。廢除將人分成資本家與無產階級的劃分，指的不是別的，而是指必須消除「勞動的精神力量與體力勞動之間的區分」，對此也就算是逐步消除。

＊

美國的技術官僚勾勒出一幅迷人的社會圖像，在這幅圖像中，市場被廢除了，由技術專家獨攬大權，而他們會將權力用於實現最大程度的閒暇與福祉。這個觀念當中的烏托邦特徵，讓人回想起我們的祖輩們鍾愛的開明專政。所有排他性的、不受控制的權力，在壟斷了這種權力的人手上，都會變成壓迫。而今我們已經可以清楚看到，在資本主義體制本身當中，這個全新的社會階級的壓迫行動正在浮現。在生產的領域中，正如同羅哈在蘇聯所觀察到的，官僚階層這個缺乏責任感的機器，一方面造成了不受限制的寄生現象，另一方面則產生了某種無政府狀態，儘管有各種「計畫」，但依然至少相當於資本主義的競爭所造成的無政府狀態。而在生產與消費的關係上，期盼不論是俄羅斯或是美國的官僚種姓，能讓前者服務於後者，以修復這種關係，這純屬徒勞。每個人類群體在行使權力時，方式都不會是將幸福帶給臣服的人民，而是增加自己的權力；這對任何宰制形式而言，都是生死交關之事。只要生產停留在初級階段，權力的問題就會由軍事力量所決定。經濟變革將權力轉移到生產計畫本身；資本主義體制就是由此誕生。接著，這個體制的發展，恢復了戰爭作為權力鬥爭的主要工具，但卻是以另一種形式行使的工具；在我們的時代，軍事衝突中的優勢，正是以生產本身的優勢為前提。如果在資本家手中，生產的目標是自由競爭，那在被組織到國家官僚體系中的技術專家手中，生產的目標必然就是為戰爭做準備。此外，正如同盧梭早已明白的，沒有任何壓迫體制會對受壓迫者的福祉有任何興趣；正是在他們的悲慘之上，才能最輕易地壓下壓迫的全副重量。至於一個官僚專政的政體會產生什麼樣的道德氛圍，此時此刻我們可以明白那會是什麼樣子。資本主義不過是個剝削生產工作的體系；如果我們撇開無產階級為了解放所付出的努力，那它已經在所有領域中，給予了主動性、自由探索、創造與天才最大的空間。相對地，官僚機器則排除一切的判斷與天才，因為其結構本身，它會傾向於掌握全部的權力。因此它會威脅到一切還在資產階級社會中的我們依然看重的事物。在所有問題上，我們會有的，不是互相衝撞的對立意見，而是一種無人能夠背離的官方意見；不是資本主義體系本身的犬儒性格（這種性格消解了人與人之間的關係，代之以純粹的利益關係），而是種精心計算的狂熱，以算計創造貧窮，在大眾眼裡，這已經不再是種必須被動忍受的重擔，而是種自願的犧牲；一種神祕的獻身與不受約束的獸行的混合；一種國家宗教（**religion de l'État**），扼殺所有的個人價值，亦即所有真正的價值。資本主義體制，甚至於封建體制，透過其內涵的混亂，在各處都仍容許個人和集體以獨立的方式發展，更別說是幸福的希臘體制，奴隸在其中至少是受雇來照顧自由民的需求，這所有的壓迫形式，似乎都成了自由與快樂的生命形式，相較於一個井井有條地摧毀一切主動性、一切文化和思想的體制。

我們是否真的有屈服於此一體制的危險？我們或許不單是有這樣的危險；我們可能正看著它在我們眼前成形。戰爭以備戰的形式延續自身，並且已經一勞永逸地賦予國家在生產上的重要角色。儘管（就算在鬥爭激烈之時）資本家的利益經常被置於國家防衛前面——如同布里埃[31]的例子所示——對每個國家而言，有計畫備戰的前提，依然是某種對經濟的嚴格控管、某種朝向經濟獨立的傾向。另一方面，在所有領域當中，一旦戰爭開打，官僚體制都會以駭人聽聞的方式增長。當然，官僚體制尚未形成一套壓迫系統；若說它滲透在各個地方，它卻也還是分散的，散在大量的行政機構中，資本主義體制本身的自由運作，讓這些機構無法圍繞著某個核心集中起來。《行動》雜誌主要的理論家弗里德（Fried）在一九三〇年的時候說過：「我們實際上正處在工會官僚、產業官僚與國家官僚的統治之下，而這三種官僚體制彼此如此相似，幾乎可以任意互換。」

31 校註：根據全集版，這指的是某些社會主義者將法國軍隊對收復一次大戰初期落入德國手中的布里埃盆地（Briey）抱持的消極態度，詮釋為跨國資本家的團結，超越了嚴格意義上的民族利益的證明。

然而，在經濟危機的影響底下，這三種官僚體制很可能會合併為一個單一的機構。這正是我們在美國所看到的，羅斯福受到一群技術專家的影響，與產業協會和勞工工會有志一同，試圖固定物價與薪資[32]。這正是我們在德國所看到的，國家機器在電光石火之間接管了工會機器，並試圖染指經濟。至於俄羅斯，這三種官僚體制——國家、產業與工人組織——形成同一個單一機構已經很久了。

橫在我們眼前的前景如何？這個問題以兩種方式出現。一方面，在俄羅斯的例子上，工人群眾沒收了工廠主與資本家的東西，問題在於官僚體制如何能不透過內戰，而將十月革命的戰利品一掃而空。看來我們確實迫於事實，不得不表示贊同，不管托洛斯基怎麼看。至於其他國家，我們非得考慮不可的是，如果不靠沒收的手段，而只是透過轉變所有權的涵義，這些國家的資本主義是否會就此消亡。在這點上，事實更是模糊不清。我們確實可以說，資本主義體制已不復存在。嚴格來講，已經沒有什麼勞動市場。在將薪資體制轉型為新的剝削形式的過程中，似乎還有許多步驟，對工資和雇用的管制，勞動役等等。同樣地，在德國，希特勒安排在壟斷企業與大企業中的委員，似乎事實上行使的是種獨裁的權力。在全世界，黃金通貨被有系統地拋棄，這是個同樣重要的現象。此外，我們必須記得下述事實，即德國的「國家革命的終結」，和高等經濟委員會的設立，這個委員會包含了所有產業大亨。然而，國家社會主義運動卻遠遠還未走到盡頭。資產階級後續對這個運動的投降，已經將各方力量之間的真實關係揭示得夠清楚了。所有權和企業管理活動的分離，將大部分的資本持有者轉變為單純的寄生蟲，導致了「反對利潤奴隸制」之類的口號出現，一種非無產階級的反資本主義口號。至於大工業和金融大亨們，他們在國家的經濟專政當中的參與，未必就不會抑制他們至今為止在經濟中所扮演的角色。最後，如果政治因素可被視為是經濟演進的徵兆，我們也不能忽視這項事實：如今所有影響波及大眾的政治潮流，不論是以法西斯主義、社會主義或是共產主義的名義，都傾向於同一種形式的國家資本主義（capitalisme d'Etat）。只有少數經濟自由主義的捍衛者反對這個強大的潮流，但他們已經變得越來越怯懦，也越來越不受重視。在我們的同志當中，也很少有人記得：工人的民主也可能會反對自身。面對這些事實，以及其他許多事實，我們不得不誠實地問我們自己：當前的危機要是繼續下去，或者，在大好形勢迅速翻轉後出現的危機，將會把我們帶往什麼樣的體制。

*

32 校註：根據全集版的註釋，此處韋伊指的是美國羅斯福的新政。

面對這樣的發展，最糟的錯誤是：我們忘記了自己所追尋的目標。我們許多同志已經或多或少受到這種錯誤的嚴重感染，而這對我們全體都造成了威脅。讓我們永誌不忘：我們想要視為最高價值的是個人，而非集體。我們要的是讓人能夠變得完整，方法是廢除嚴重傷害我們所有人的專業分工。我們想要給予體力勞動應有的尊嚴，方法是讓工人徹底了解技術程序，而不只是給他們機械訓練；我們想要的是給理智它自己的對象，方法是透過勞動的中介，讓理智接觸世界。我們想要完全顯明人與自然的真實關係——在每個以剝削為基礎的社會裡，這些關係都被掩蓋在「體力勞動與心智勞動之間可恥的區分」底下。我們想要將支配還給人，也就是還給個人，這是屬於他的，原本就應由他來行使在自然、在工具、在社會本身之上；要恢復工人相對於工作的物質條件的重要性；以及，我們要的是「將私有財產轉為某種真實的東西，藉由（……）將目前服務於奴役和剝削勞動的生產方式，轉變為自由與合作勞動的單純工具」，而非廢除私有財產。

這是屬於我們這個世代的任務。打從文藝復興開始，幾個世紀以來，思想者與行動者有條不紊地努力著，要讓人類的心智能夠成為自然力量的主宰；而他們的成功超越了所有的期待。但在上一個世紀期間，人們開始明白到，社會本身也是一種自然的力量，和其他的自然力量一樣盲目，對人類一樣危險，如果人無法成功地加以控制。目前這個壓在我們身上的力量，就會比水、土和火都更加嚴酷；而當這個力量因著技術的進步，將對水、土和火的控制都握在手裡時，就更是如此。個體發現自己被粗暴地剝奪了搏鬥與勞動的手段；沒有個體對集體工業機器的徹底屈服，不論戰爭或是勞動便都不再可能。現在，社會機器透過其盲目的運作——就像一九一四年八月[33]之後所發生的一切所顯示的——都正在摧毀一切個體的物質與道德幸福的條件，一切理智與文化發展的條件。掌控這架機器，對我們而言是生死交關之事；而要掌控這架機器，意指讓它臣服於人類的心靈，亦即臣服於個體。社會從屬於個體，這就是真正民主的定義，而這也是社會主義的定義。但我們要如何掌控這股盲目的力量，當它就像馬克思在他激烈的名言裡所說的，擁有一切的理智與道德力量，凝結在一部駭人的機器中？我們若是在馬克思主義的作品中尋找這個問題的答案，那將屬徒勞。

那麼，我們應該絕望嗎？確實，我們不缺絕望的理由。我們看不到何處能夠安置我們的盼望。自由判斷的能力已經變得日益稀罕，特別是在知識份子圈子裡，因為專業分

33 校註：指第一次世界大戰，德國對俄國與法國的最後通牒，分別在八月一日與三日發布。

工強迫著我們所有人，在每個理論研究所提出的根本問題上，要毫不理解便先相信。因此，就連在純理論的領域中，在集體努力所產生的結果面前，個人的判斷也變得無效。至於勞動階級，他們作為被動的生產工具的處境，幾乎沒為他們做好準備，好將命運掌握在自己的手中。當前的世代，首先已經遭到戰爭的大肆屠戮，生氣黯然；接著，和平與繁榮一旦回復，給他們帶來的，一方面是對財富與投機的狂熱，這將深刻地敗壞人民當中的每個階級，另一方面則是技術革新，這又將剝奪勞動階級的主要力量。因為革命運動的希望，倚靠的正是技術工人，只有他們是在工業勞動中結合思想與行動的人，或是在企業的運作中承擔起主動而不可或缺的角色的人；只有他們能夠感受到自己已經準備好，要承擔起在某天接管整個經濟與政治生活的責任。事實上，他們構成了革命組織最堅實的核心。而現在，理性化措施已經取消了他們的功能，幾乎只留下了專門化的非技術勞工，徹底由機器所奴役。接著落到勞動階級頭上的就是失業，這讓他們大受損傷，產生不了任何反應。如果這消滅的人還比不上戰爭，它所導致的沮喪卻更深沉，讓大量的勞工，特別是整個青年世代，淪落到宛如寄生蟲一般的處境，這種處境一旦延長，在這些受害者眼裡看來，就會顯得像是永恆的終局。留在企業裡的工人們，最終會將他們完成的工作，視為企業賞給他們的恩惠，而不再是對生產而言不可或缺的活動。如此一來，目前氾濫成災的失業，終將使無產階級整體在精神上淪入寄生的狀態。確實，再度繁榮是可能的，但再怎麼繁榮都無法拯救那些世代，他們的整個青少年與青年時期，都耗在比工作更虛耗的遊手好閒當中，也無法保守未來的世代免於另一場危機或是戰爭。工人組織是否能給無產階級他們所缺乏的力量呢？資本主義體制的複雜性，以及隨之而來的，亦即反對資本主義體制的鬥爭所提出的問題的複雜性，將「在體力勞動與心智勞動之間可恥的區分」帶進了工人運動本身的核心。自發的鬥爭向來都顯示其自身是無效的，而有組織的行動幾乎都自動產生某種指揮機構，它早晚都會變得具有壓迫性。在我們這個時代裡，這類壓迫的實現形式，是和國家機器的有機連結，對象不是民族國家機器（l'appareil d'État national），就是俄羅斯國家機器。因此，我們的努力不只會一直無效，還可能會轉而與我們作對，讓我們的死敵——法西斯主義——占到上風。正如德國共產黨的例子所示，透過搧風點火的工作激化反抗，可能會助長法西斯主義對群眾的煽動。而正如社會民主黨的例子所示，培養官僚體制，進行組織，同樣可能有利於法西斯主義的到來。運動者不能取代工人階級。工人的解放將由工人自己實現，不然就完全不會發生。當前的時代最悲慘的事實是，經濟危機對無產階級的衝擊遠較資產階級深刻得多，因此，這似乎不只是體制的危機，還是我們社會本身的危機。

這些看法無疑會被指責為失敗主義，就算這是來自於努力要看清事實的同志也是一樣。然而值得懷疑的是，我們在自己的圈子裡使用領導階層的詞彙，是否有任何好處。

對我們而言，喪氣這個詞不會有任何意義。唯一的問題是：我們是否應該繼續鬥爭；如果應該，那我們應該以彷彿勝券在握一般的熱情來投入鬥爭。一旦決定採取行動，就不會有保持毫髮無傷的困難，在行動的層面上，批判的檢視已經表明了，這樣的希望幾乎沒有任何基礎；而勇氣的本質就在其中。現在，我們既然看到了，一次失敗可能會產生這樣的危險，即在不確定的期限裡，毀滅所有在我們看來賦予人類生命價值的事物，那顯然我們就必須以任何在我們看來有可能產生效果的工具來進行鬥爭。一個在大海上被拋出甲板的人，儘管他獲救的機會渺茫，還是不該任由自己滅頂，而應繼續游泳，直到力盡為止。況且我們並非真的全無希望。對我們而言，單是我們存在、我們想像並渴望著某些與現存的事物不同的東西，這個事實就構成了希望的理由。工人階級還包括了散在各處的工人菁英，他們在很大程度上有別於有組織的勞動，受到只有在無產階級當中才能找到的靈魂與精神力量所激勵，只要有必要，他們已準備好要全心奉獻自己，以一個好工人投入工作中的決心與意識，要打造一個合理的社會。在有利的環境底下，一場自發的群眾運動，能將他們帶領到歷史舞台的中央。在此之前，我們只能幫助他們準備好自己，把事情想清楚，在還維持著活力的工人組織（亦即，以法國為例，即工會）中獲得影響力，以及最後，為了在街頭或是工廠裡進行可能的行動而集結起來，儘管目前群眾還漠不關心。試著聚集所有在工業企業的核心當中維持心智健全的人，避免激起造反的原始情緒，和行政機器的凝聚，這樣的努力可能力量不大，但也沒有別的可能了。社會主義僅存的希望，在於那些至今為止，盡可能地在當今的社會裡，實現在體力與心智勞動的結合的人，這樣的結合界定了我們所主張的社會。

然而，面對這個任務，我們手頭的武器極度匱乏，這迫使我們另尋他途。如果我們終將湮滅（而這不過是極有可能的事情），那就讓我們確保，我們不會像是未曾存在過一般就此消逝。我們必須與之戰鬥的強大力量準備要碾碎我們；而確實他們可以讓我們無法完整地存在，或在這個世界上蓋上我們意志的封章。但有個領域是他們無力施為的。他們無法阻止我們更清楚地設想我們努力的對象，因而就算我們無法完成我們想要的，但我們至少曾經渴求過，而不只是盲目地盼望；另一方面，我們的弱點可能真的讓我們無法獲勝，但卻不會讓我們無法理解碾碎我們的那股力量。世界上沒有什麼能禁止我們保持清醒。這項理論澄清的任務和各種實際鬥爭的任務之間，沒有任何衝突；相反地，兩者彼此相關，因為一個人如果不知道他想要什麼，以及該克服什麼障礙，他就無法行動。然而，我們擁有的時間無論如何都是有限的，因此我們不得不分攤思想與行動，或者，說得客氣點，是為行動做準備。這樣的分工無法由任何規則來決定，只能由每個人的氣質、精神傾向與天賦來決定，由每個人對於未來的猜想，以及環境的機運所決定。無論如何，能夠降臨在我們頭上的最大災難，是既無法獲勝，也無法對此理解，便就此湮滅[34]。

34 校註：根據全集版，托洛斯基在一九三三年十月一日的〈第四國際與蘇聯、蘇維埃國家的階級本質〉一文當中，對西蒙．韋伊的回應是：「出於對無產階級專政的『不幸經驗』的絕望，她在新的任務中找到慰藉，亦即：在社會面前捍衛她的人格。用流行的無政府主義讚辭翻新的古老的自由主義套話。同樣，考慮到她義正辭嚴地談論我們的『幻覺』。對她和她的同類人而言，他們需要長年的時間，才能從最反動的小資產階級偏見當中得到解放。」

對技術官僚、國家社會主義、蘇聯及其他問題的思索

一九三三，春（？）

本文只打算提出一些或許有些冒險的看法，相較於所有的正統信條，這些看法肯定是異端，主要的目的僅在於請運動者們予以思考。

我們仰賴著一位無可置疑的偉人所闡述的學說而活，但這位偉人已經過世五十年了。他創造了一種方法，將它應用在自己時代的現象上；他無法將它應用在我們時代的現象上。

戰前的運動者們覺得：必須將馬克思主義的方法，應用到資本主義在自己的時代所採取的嶄新形式上。列寧關於帝國主義的小冊子[1]表明了這樣的關切，為此，很不幸地，在運動者們每日的關切中，就沒剩多少閒暇了。

1 校註：指列寧的《帝國主義是資本主義的最高階段》。

對我們而言，馬克思所代表的，在最好的情況下，是一種學說；但他更常被當作一個簡單的名字，人們要粉碎對手時，就拿來砸在對手頭上；但它幾乎從來不被當作一種方法。然而，如果不是作為某種分析方法，馬克思主義就無法維持活力；每個世代都可以用這個方法，來界定其時代的根本現象。然而，我們的肉身似乎孤單地生活在一個驚人的全新時期，與過去的一切預測相悖；而我們的精神似乎依然持續受到鼓舞，如果不是在第一國際期間，至少也是在戰前，在革命的總工會[2]與俄羅斯布爾什維克黨的時期。沒有人要試著定義當前的時期。托洛斯基確實說過，並且多次重複說到：從一九一四年起，資本主義便已進入了一個新階段，即衰退的階段；但他一直沒有足夠的時間，好說明他確切的意思是什麼，以及這麼說的基礎何在。我們不能為此責備他，但這卻剝奪了他的箴言的一切價值。而就我所知，並沒有人走得比他更遠。

誰要是接受了列寧「沒有革命的理論，就不會有革命的運動[3]」這個公式，也將不得不承認：此刻幾乎沒有什麼革命的運動[4]。

大約兩年多前，德國出版了一本備受爭議的書，名叫《資本主義的終結》；作者斐迪南．弗里德[5]在著名的《行動》雜誌任職，長期以來，這份期刊主張某種國家資本主義，某種封閉的指導式經濟，以及一個由工會組織與國家社會主義運動所支持的專政體制。革命者們絲毫不在意弗里德這本書，認定這是本平庸之作；他們的錯誤在於：試圖在這本書中找到某種融會貫通的體系；他們只把這本書當作一份資料，因而錯過了本書的價值。這本書的根本觀念，是官僚體系的權力。企業的管理者，不再是資本的持有人，或是工廠設備的擁有者；因著股票之故，資本持有人的數量已然極為龐大，而少數操控的大股東特別關心的是金融操作。管理企業的，是行政主管、工程師、各式各樣的技師，除了少數例外，這些人並非所有人，而是受雇者；這是個官僚體系。國家權力也是一樣，在所有國家，權力都越來越集中在官僚機器手中。最後，工人運動也處於某種工會官僚的權力底下。「如今，我們事實上已經處於工會官僚、產業官僚與國家官僚的

2 譯註：Confédération Générale du Travail（C.G.T），法國總工會，於一八九五年於Limoges創立，法國五大工會團體之一。

3 校註：根據全集版，這句格言引自列寧的著名文章《怎麼辦？》，一九〇二。

4 譯註：韋伊的意思是：此刻幾乎沒有什麼革命的理論。

5 校註：根據全集版，這位作者是Ferdinand Fried，是Friedrich Zimmermann的筆名。《資本主義的終結》（*Das Ende des Kapitalismus*），在一九三二年由Grasset出版了法文譯本，韋伊有時引用德文版，有時引用法文版。

支配底下，這三種官僚體系如此相似，我們甚至可以任意互換[6]。」他的結論是，我們必須組織某種封閉的經濟體，由這三種官僚體系合而為一的機器所指揮。這和法西斯主義的綱領一模一樣，差別只在於法西斯主義摧毀了工會機器，並創造出它可以直接支配的工會。

此刻，美國正大肆討論某種名為「技術官僚[7]」的新理論。正如名字本身所示，這個理論的理念是某種新經濟，這種新經濟將不再因競爭的風險而產生動盪，也不會像社會主義所希望的那樣，落入工人的手中，而是讓某種專政體制，將指揮的權力授予技術人員。這種新經濟的形態、分配的方法、建立在「能量單位」之上的貨幣，在此都不過是枝微末節罷了。據說在這個吸引了所有的美國人好一段時間的理念中，最重要的是以另一個領導階級取代資本家階級，而這個階級不是別的，正是弗里德所指的產業官僚。

這些全新的、純屬一戰之後的、在當前的危機中發展出來的思潮，應該讓我們檢視：在我們的時代，工業生產的過程究竟變成了什麼樣子。而我們應該承認，馬克思所建立的兩種經濟類別，資本家與無產者，已經不足以掌握生產的形式了。資本家越來越脫離於生產本身，以專注於經濟戰爭。第一位石油大王洛克斐勒，他贏得霸權乃是因為產業秩序的新發明，即輸油管；第二位，即迪特丁[8]，若不是靠著冒險投機與金融操作，他絕對不是洛克斐勒的對手。他的繼位就是種象徵。

不論是作為種姓或是階級，官僚體系都是社會鬥爭中的全新要素。在蘇聯，官僚體系已經將無產階級專政，轉變為由官僚體系所行使的專政，從那之後，就開始指揮全世界的革命勞工。相反地，在德國，官僚體系則與金融資本結盟，以消滅成千上萬的勞工。我們可以說，在這兩個例子裡，官僚體系所扮演的都不是獨立的角色；然而，過去儘管存在著封建勢力，資產階級當時還是應該與反對封建勢力的受壓迫階級結盟，或是與封建勢力結盟反對受壓迫階級。真正嚴重的是，不管是哪種狀況，工人都不是以獨立的方式組織起來的。和那些在熱月[9]碾碎自己所仰賴的無套褲漢[10]的資產階級一樣，服從俄羅斯官僚體系的共產主義者，此刻並無法在世界上其他地方扮演進步性的角色。工

6 校註：西蒙・韋伊在〈前景：我們是否正朝著無產階級革命邁進？〉一文中也引了這段引文。

7 校註：一九三〇年代初期在美國誕生的運動。

8 譯註：指Henri Deterding（一八六六—一九三九），皇家荷蘭石油公司首任執行長，任荷蘭皇家殼牌石油公司首席執行長共三十六年。

9 譯註：Thermidor此處指的是法國大革命後，在一七九四年七月二十七日爆發的反對雅各賓恐怖統治的熱月反動（convention thermidorienne）。羅伯斯比爾、聖鞠斯特等人在此次事件中被送上斷頭台。

10 譯註：無套褲漢（Sans-culottes），十八世紀法國低階平民，法國大革命主要的群眾。

人中的改良主義者在工會官僚手裡，而工會官僚和產業官僚與國家官僚，就像一滴水和兩滴水一樣彼此相似，並且會機械式地黏結於國家機器之上。無政府主義者不受官僚體系的支配，只是因為他們不進行有系統地組織起來的行動。面對這樣的形勢，反對派的共產主義者、革命的工會主義者等之間的論戰，看來最少也是極度地昧於現實。

共產主義者指責社會民主派是「法西斯主義的伙食兵」，絲毫沒錯。但他們吹噓自己能夠與法西斯主義進行有效的鬥爭，不幸的是，他們錯了。在法西斯主義的威脅面前，運動者得面對一個問題：不論在哪個國家，若是沒有這個立刻服從於不論是本國的，還是蘇聯國家機器的、近乎官僚體系的祕密組織，我們是否還有組織工人的可能？

這齣陰森的劇碼已經上演了好幾個月，並犧牲了德國的無產階級，社會民主派與共產國際[11]說明了這個問題十分迫切，並且可能是當前唯一的重要問題。

11（作者）原註：面對共產國際在五月五日發出的呼籲，就算是最狂熱的共產主義者們也必須睜大眼睛。好幾個月以來，反對派遭到辱罵，因為他們宣布了最高度統一戰線的緊急提案。在二月初，德國共產黨悍然拒絕社會民主黨所提出的「互不侵犯條約」，連協商的空間都不給。二月十九日，社會主義國際提出無條件的統一戰線，而他們並未得到任何回應，除了多列士（Maurice Thorez）在中央委員會的演說，反對一切最高程度的統一戰線，反對懸置對社會民主黨的一切攻勢。國會縱火案突然發生，成千上萬的運動者被捕，恐怖統治讓社會民主黨員和共產黨員全都變成非法，社會民主黨的領導們在希特勒的手底下慌了（見Otto Wels的信件），這人使得一切宣傳與組織的工作都幾乎無法進行。然而，只有到這時候，共產國際才在五月五日接受了不單是二月十九日的提議，甚至還接受了「互不侵犯條約」！這樣任何原則就都不反對這個策略了？但在德國無產階級還能發動攻勢並積極鬥爭，並且大有機會成功的時候，是誰在二月，或甚至在一月，或甚至在更久之前，妨礙他們採納這個策略呢？此一拖延難道不是種背叛嗎？

論列寧的《唯物主義與經驗批判主義》

《社會批判》[1]，一九三三年十一月號

這本書是列寧所出版的唯一一本探討純粹哲學的作品。此書反對馬赫[2]與馬赫的信徒，即不論列寧承認與否，都在一九〇八年與他並列於社會民主派的那些人中，特別是

1 譯註：*La critique sociale*，法國共產黨創始人之一的蘇瓦林（Boris Souvarine, 1895-1984）所發行的期刊，主要由民主共產主義派（Cercle communiste démocratique, CCD）所支持，一九三一年三月起於巴黎發行，直到一九三四年三月，共發行了十一期。這份雜誌最著名的寫手是喬治．巴塔耶。該雜誌曾邀請西蒙．韋伊加入，但韋伊出於與巴塔耶的矛盾，最終拒絕。韋伊在雜誌中最著名的文章是〈對這場戰爭的反思〉（*Réflections sur la guerre*，一九三三）。

2 譯註：馬赫（Ernst Mach, 1838-1916），奧地利物理學家，主要研究光的傳播規律與超音速現象。他強調經驗主義和實證主義，是科學哲學的奠基人之一，影響了後來的維也納學派和邏輯實證主義，以及俄羅斯的馬克思主義者。

俄羅斯社會民主派[3]，其中最著名的就是波格丹諾夫[4]。列寧詳細檢視了他諸位對手的學說，這些細膩程度不一的學說，試盡了一切方法，要藉由消除「思維之外的對象」的概念，解決認識的問題；他指出，一旦剝去這些學說浮誇的空話，它們便將回復成柏克萊[5]的唯心論[6]，亦即對外在世界的否定；他認為這些學說與馬克思和恩格斯的唯物主義是對立的。列寧在這場遠離自己平常的關注焦點的論戰中，再次顯示出他作品中的力量，以及他對嚴格的文獻分析的偏好。論題的旨趣極易理解：如果我們對於何謂科學沒有一個清楚的概念，進而無法以清楚的方式提出認識的問題，和思想與其對象的關係的問題，那我們就無法宣稱自己的立場是「科學的社會主義[7]」。然而，列寧這篇作品幾乎和任何一本哲學課本一樣無聊，甚至幾乎一樣缺乏教育意義。這部分是因為列寧抨擊的對手十分平庸，但最主要還是因為列寧本人所使用的方法。

列寧首先在一八九九年時，在西伯利亞念過哲學，接著是在一九〇八年，那時他正準備寫一本目標明確的作品，以反駁工人運動中某些想要擺脫恩格斯的唯物主義的理論家。這種方法極具特點，即為了反駁而反思，即於思考探索之前應就能得到解決方法。而這個解決方法何在？在於黨，正如同天主教的解決方法在於教會。因為「在我們當代的社會裡，認識的理論，和政治經濟學一樣，是一種黨的科學（une science de parti）。」說真的，我們不能否認，在理論文化與社會的階級區分之間，存在著某種密切的關係。

一切壓迫性的社會，都會生出某種關於人與自然之關係的錯誤觀念，這完全出自於一個事實，即只有那些被剝削者，也就是被排除在理論文化之外、被剝奪了自我表達的權利與可能性的人，才和自然有直接的接觸；而相反地，如此形成的錯誤觀念便傾向於讓壓迫延續下去，直到這種讓思想與勞動的區分顯得合法的程度。在這個意義上，我們可以說，這種哲學體系、這種科學概念是反動的或是資產階級的。但列寧似乎並不是這樣理

3 譯註：這應是指俄羅斯社會民主工黨，是馬克思主義政黨，於一八八三年由數個政黨聯合成立於明斯克。不久後分裂為孟什維克和布爾什維克兩派。布爾什維克在一九一七年十月革命中奪取俄羅斯政權，並在後來成為蘇聯共產黨。

4 校註：根據全集版，此處指的是波格丹諾夫（Alexandre Alexandrovitch Bogdanov, 1873-1928），筆名為A. A. Malinowski，俄羅斯經濟學家，在一九〇八年左右，是列寧的對手，布爾什維克黨的領導人之一。列寧在《唯物主義與經驗批判主義》中因此對他加以攻擊。

5 譯註：柏克萊（George Berkeley, 1685-1753），愛爾蘭裔英國哲學家，是主觀唯心主義（subjective idealism）的代表，也屬於英國經驗主義傳統的哲學家。「存在即是被感知」即其著名論斷。

6 譯註：Idealism，又稱為「理念論」、「觀念論」，主張精神或意識為根本的存在，相對於唯物主義與現實主義。

7 譯註：socialisme scientifique，恩格斯第一個使用這個字眼來描述馬克思的理論，強調馬克思主義理論在方法上的科學性，相對地，馬克思和恩格斯在《共產黨宣言》（一八四八）中則批判過早期社會主義者為「空想社會主義」（utopian socialism）。

解的。他說的並不是指這種觀念扭曲了人與世界的真實關係，因此是反動的；相反地，他說的是：這樣的觀念背離了唯物主義，導向唯心主義，為宗教做論證，是反動的，因此是錯的。對他而言，重點完全不在於看清自己的思想，而只在於維護黨所賴以維生的哲學傳統不受汙染。這樣的思考方式並不是一個自由人的思考方式。但列寧又怎麼能用其他方式思考呢？當一個黨不但在行動的搭配，並且在教義的統一底下，開始凝結牢固，一個積極的支持者便不可能用不同於奴隸的方式思考。不難想像這樣一個黨一旦奪權之後會如何行事。此刻壓在俄羅斯人民身上、令人窒息的政權，早已萌芽於列寧對待自己思想的態度中。布爾什維克在奪走整個俄羅斯的思想自由之前，早已先剝奪了自己的領導人的思想自由。

幸運的是，馬克思的思考方式與此不同。儘管有諸多對他的榮耀毫無增益的論戰，他尋求的仍然是梳理自己的思想，而非將對手化為煙塵；而他從黑格爾那兒學到，與其拒斥不完整的概念，不如「在保留這些概念的同時，超越這些概念」。因此，馬克思的思想與馬克思主義者們大不相同，恩格斯也不例外，而對於列寧在此所關切的問題，即認識的問題，以及更普遍的思想與世界的關係等問題，則更是如此。

要解釋思想是怎麼認識這個世界的，我們可以把世界想像成思想單純的創造，或是把思想想像成某種世界的產物，這個產物藉著某種無從解釋的偶然性，構成了世界的形象或是倒影。列寧指出，所有的哲學實際上都應該歸結為這兩種概念中的一種，當然，他選擇的是後者。他援引了恩格斯的公式，根據這個公式，思想與意識「是人類大腦的產物，而人自己就是自然的產物」；因此「人類大腦的產物，既然說到底是自然的產物，那就絕非與自然整體相矛盾，而是與之相互對應」；而他一再表示，這種對應在於——顯然是神恩所賜——人類大腦所產生的，是自然的照片、影像、倒影。照這個說法，彷彿一個瘋子的思想不是「自然的產物」似的！然而，這兩個列寧期能迫使我們從中做出選擇的概念，得自於同一個方法：為了解決問題，這兩個概念各自刪除了一個要素。一個刪除了「世界」，即認識的對象，另一個刪除了「精神」，即認識的主體；兩個概念都剝去了認識的一切意涵。如果我們願意——倒不是為了建構理論，而是為了釐清人類的真實處境——我們要問的不是人如何能認識世界，而是人事實上如何認識世界；而我們應該承認超越思想的存在（l'existence）與超越思想的世界的存在，以及遠非只是消極地反映這個世界，而是同時為了認識世界與轉化世界而對世界產生作用的思想的存在。笛卡兒就是這樣想的，而列寧在這本書中未曾提到他的名字，這點意味深長；馬克思同樣也是這樣想的，這我們無可置疑。

無疑地，我們不能同意：只因為馬克思讀過《反杜林論》的手稿並表示贊同，就代表他對於恩格斯在自己的哲學著作中所提出的學說未曾表示反對；這只表示馬克思未曾花足夠的時間反思這些問題，以意識到自己和恩格斯的不同所在。馬克思的所有著作都浸潤著一種與恩格斯和列寧的粗俗唯物主義毫不相容的精神。他未曾將人視為僅只是自然的一部分，而總是因為人能執行自由的活動，而視之為與自然處於對抗關係中。在一份關於史賓諾莎的研究中，他明確地指責史賓諾莎非但沒有將人與包含著人的自然對立起來，反而混淆了兩者。在他的《關於費爾巴哈的題綱》裡，他寫道：「所有迄今的唯物論（費爾巴哈也算在內）的主要缺點是：對象、實際、感性都只是以客體或直觀這個形式被掌握的；而不是被掌握成感性人類的活動、實踐；不是主觀地（掌握的）。因此，活動的一面，倒是對立於唯物論，抽象地由唯心論發展了——它（唯心論）當然不認識實際的、感性的活動本身。[8]」這些格言雖然晦澀難明，但至少清楚說明了：重點是要在唯心主義與唯物主義之間做出某種綜合，以保住被動的自然與人類活動之間的根本對立。事實上，馬克思拒絕設想某種不與自然產生任何接觸、自行運作的純粹思想；但將人類整體視為僅只是自然的產物、將思想視為僅只是自然的倒影，這種學說和下述觀念毫無共同之處，即現實乃出自於思想與世界的接觸，而有能力思想的人類以行動占有世界。我們必須根據這樣的觀念來詮釋歷史唯物論，正如馬克思在《德意志意識形態》當中花費許多篇幅解釋的，歷史唯物論的意思是，人類在既定的科技、經濟與社會條件下形成的思想，對應於他們在產生自己的存在條件時對自然施加作用的方式。最後，也只有藉由這個觀念，才能得出無產階級革命的概念；因為，資本主義體制的本質，正如馬克思戮力闡釋的，在於「倒轉主體與客體的關係」，構成這種倒轉的，是主體對客體的屈服，是「勞動對於勞動的物質條件的屈服」；革命的意思不是別的，而是恢復有能力思考的主體與物質之間應有的關係，重新賦予他某種支配的能力，亦即他對物質行使作用的功能。

布爾什維克黨的組織向來建立在個體的屈從上，而它一旦掌權，便和資本主義一樣以機器奴役勞動者；我們完全無須感到驚訝，這個黨採納的學說，是恩格斯幼稚的唯物主義，而非馬克思的哲學。同樣無須訝異的是，列寧堅持遵循某種純粹論戰式的方法，偏好用各種困難來為難他的對手，而非闡明自己的唯物主義理論如何能避免這些困難。對他而言，一段出自《反杜林論》的引言就可以取代所有的分析；但光是輕蔑地談論「康德那早已被駁倒的錯誤」，並不能妨礙《純粹理性批判》成為對於所有想要深思知識問題的人而言，比《反杜林論》更加具有啟發性的作品。而當我們看到，他雖然不斷乞靈於「辯證唯物論」作為一個完整的、能解決一切問題的學說，但卻在一段關於辯證

8 譯註：參見馬克思、恩格斯著，〈費爾巴哈題綱〉，《德意志意識形態 I. 費爾巴哈原始手稿》，孫善豪譯，台北：聯經出版，頁九十九。

法的文字裡承認，至今為止，人們在乎的只是辯證法的通俗化，而不是透過科學的歷史來驗證其正確性時，我們只能大笑。

這篇作品令人沮喪地標誌出社會主義運動在純理論範疇的不足。我們不能只是告訴自己「社會與政治行動比哲學重要」來自我安慰；革命應該同時是社會的以及智性上的革命，在革命中，純粹理論的思辯也有其任務，不能逃避這個任務，不然其他的一切便將不再可能。所有真正的革命者都了解：革命意味著散播知識給全體民眾。以下三人都一致同意這點：布朗基斷定，在「啟蒙之光」尚未傳到地極之前，共產主義便無可能；巴枯寧，照他令人讚賞的格言所述，他希望看到科學「與每個個體生命真實而直接地融為一體[9]」；還有馬克思，對他而言，社會主義首先應該是廢除「心智勞動與體力勞動之間可恥的分工」。然而我們似乎還不明白這種轉變需要什麼條件。對於目前我們受苦於其中的事態而言，將所有公民送進高中與大學，直到十八或二十歲，這不過是效用薄弱，或者該說是無效的處方。如果問題只在於將咱們的學者們為我們所打造的科學加以通俗化，這還不是什麼難事；但我們完全無法讓當前的科學變得通俗化，我們能通俗化的只有科學的結果，而對於我們在幻想中以為自己在教育的對象，這只會迫使他們毫不理解便信以為真。至於構成科學靈魂的方法，這根本上對門外漢而言是難以理解的，進而對學者自己也變得難以理解，因為專業化總是讓他們自己極為限縮的領域之外的人變成門外漢。因此，正如同在現代生產制度底下，勞工必須服從勞動的物質條件，在科學研究上，從我們的時代起，思想也一樣得服從既有的研究成果；而科學本應清楚地了解一切事物，去除所有奧祕，但如今自己卻成為典型的奧祕，其神祕程度，甚至讓晦澀、乃至荒謬本身，如今在科學理論中都顯得像是某種深刻的象徵。根據馬克思關於宗教的高妙格言所述[10]，對於尚未發現自己或是再次失去自己的人類而言，科學已經變成了他的意識最現代的形式。而毫無疑問地，當代的科學正可作為我們這個日益官僚化的社會的神學，如果馬克思在青年時期所寫的是真的，「相對於其外在的封閉企業特徵，官僚主義在官僚體系的內部，其普遍精神是個祕密、是種奧祕[11]。」更廣泛地說，一切的特權，乃至於一切的壓迫，其條件都在於某種知識的存在，這種知識基本上對於勞動大眾而言是無法理解的，因此他們只能被迫相信這些知識，就像他們被迫屈服一樣。在我們的時代，宗教已不足以擔任這個角色，而科學正是其後繼者。還有馬克思關於「宗教批

9 校註：根據全集版，此引文出自巴枯寧（Mikhail Alexandrovitch Bakounine），《日耳曼皮鞭帝國與社會革命》（*L'Empire knouto-germanique et la Révolution sociale*）。
10 校註：見馬克思，《黑格爾法哲學批判》。
11 校註：見馬克思，《對黑格爾政治哲學的批判》。

判是一切批判的條件」的高妙格言，同樣也該擴及現代科學。只要科學仍未脫去其神祕的面紗，社會主義就連設想都是不可能的。

笛卡兒曾相信自己建立了某種毫無神祕的科學，即一種方法上擁有足夠的統一性（unité）與簡明性（simplicité）的科學，因此就連要理解其中最複雜的部分，都只是比最簡單的部分更耗時，但卻不會更困難；因此，每個人就算沒有時間獲得同一個研究成果，但卻都可以理解這個結果是怎麼發現的；而每個結果都得自於這種方法，是這種方法在指引科學發現，因此每個小學生都有再次發明了科學的感覺。同樣這位笛卡兒想出了一間技術與職業學校的計畫，在這間學校裡，每個工匠都能完全理解其技藝的理論基礎；在文化層面上，他表現得比所有馬克思的門徒更像個社會主義者。但就這件他想做的事而言，他完成的部分很有限，而且他出於虛榮，背叛了自己，出版了刻意寫得晦澀難解的《幾何學》。在他之後，我們找不到半個學者會試圖挖自己這個特權種姓的牆角。至於工人運動中的知識份子們，他們未曾想過要著手處理這個不可推諉的任務；確實，這個任務極為沉重，需要重新批判地檢視整體科學，特別是數學，因為奧祕的精粹就藏身其中；但這也顯然是社會主義這個概念本身所提出的任務，而社會主義的完成，乃獨立於外在條件與勞工運動的情勢，只取決於那些敢於承擔此一任務的人；此外，這個任務是如此重要，比起在行動的領域中部分的勝利，在這條道路上踏出一步，可能對於人類與無產階級都更有益處。但社會主義的理論家們，他們雖然放棄了實際行動的領域，或是讓他們有行動的錯覺的各種群體與次級群體等各種路線中的無益的盲動，但同時卻絲毫沒想過要挖知識種姓的特權的牆角——差得遠了，他們還打造了一套複雜而神祕的學說，以於勞工運動的核心，維持官僚主義的壓迫。在這個意義上，哲學正如列寧所說的，是黨的事情。

反思自由與社會壓迫的起因

就與人類相關的事物而言，別笑、別哭，也別義憤，而要理解。

——史賓諾莎[1]

具備理性的存在者，能將一切障礙當作工作的素材，並將缺點轉化為優勢。

——馬可．奧勒留[2]

當前的時代屬於這一類時代：一切在正常情況下讓人有理由活著的事物，似乎都煙消雲散的時代，是一個若不質疑一切，便將在慌亂與無意識中沉淪的時代。威權主義運動和民族主義運動的勝利，幾乎在各地都摧毀了勇敢的人們曾經寄予民主和和平主義的

1 校註：根據全集版，此引文出自史賓諾莎，《論政治權威》（*Traité de l'autorité politique*），〈第一章〉，第四節。

2 校註：馬可・奧勒留，《沉思錄》。

希望，而這僅只是我們所承受的一部分邪惡；事實上，這邪惡更為深沉，影響也更為深遠。我們可以自問：在公共或私人生活中，可有哪一個領域，還保有什麼行動與希望的根源，沒被我們生活在其中的處境所毒害？工作不再伴隨著我們是有用之人的驕傲意識，反倒讓我們為了擁有一時的恩賜所賜予的特權而感到羞辱與苦惱，因為這等於是排除了其他人類、只由自己享受的特權，簡言之，亦即一份工作。公司的經營者們自己早已失去了對經濟可無限成長的天真信仰，而這份信仰曾讓他們想像自己肩負著某種使命。科技的進步看來像是失敗了，因為它帶給群眾的並非幸福，只有生理與道德的苦難，而我們正看著群眾在其中苦苦掙扎；此外，無論在何處，除了戰爭工業，科技革新幾乎都已不再被接受。至於科學的進步，令人難以理解的是，在一堆已然過多，就連專家的思考也無能處理的知識上繼續堆疊知識，究竟能有什麼用處。同時，經驗也已表明了，前人相信啟蒙思想的傳播，他們錯了，因為我們能傳播給大眾的，只是某種現代科學文化的可悲的刻板印象，這個刻板印象遠遠無法幫助他們形塑自身的判斷，反令他們習於輕信。藝術本身也承受了這種普遍惶恐的影響，使得它失去了一部分的觀眾，甚而對靈感也造成了侵害。最後，社會一旦對青年封閉，家庭生活剩下的就只有焦慮了。全世界的青年世代都意識到自己沒有任何未來可言，意識到他們在我們的宇宙中沒有任何地位，所熱切等待的未來，僅剩蒼白空洞的生活。此外，這邪惡儘管對於年輕人而言更為尖銳，它卻是當今所有人類共有的。我們活在一個被剝奪了所有未來的時代。等在前方的不再是希望，而是恐慌。

然而，從一七八九年開始，一個魔法般的詞誕生了，這個詞包含了所有可想像的未來，在最絕望的處境中包藏著最豐沛的希望，這個詞就是革命。好一段時間以來，我們經常提起它。表面上看來，我們應該正處於革命的時期；但事實上，所有發生的一切，卻彷彿是革命運動與其渴望毀滅的政體一起走入衰落。一個多世紀以來，每個世代的革命者都輪番盼望著下一次革命；如今，這份盼望已經失去了能支撐它的一切。不論是那個出於十月革命的政體，或是二大國際；或是獨立的社會主義或共產主義政黨，或是工會，或是政府主義組織，或是這一陣子以來大量出現的青年團體，我們都無法在其中找到什麼強健、純粹而尚未腐化的事物；工人階級已經許久沒有表現出任何徵兆，以顯示羅莎·盧森堡所看重的自發性；更別說這份自發性的顯現，只是為了立刻被鮮血淹沒；中產階級只有受到被新手獨裁者蠱惑人心的目標召喚時，才會被革命吸引。我們經常重複說到，客觀而言，革命情勢大好，缺的只是「主觀因素」；彷彿缺乏足以翻轉政權的力量，還不是當前情勢的客觀特徵，以至於我們得在我們的社會結構中尋找各種欠缺的根源！這就是為什麼當前階段強加在我們身上的第一項責任，就是在理智上鼓起足夠的勇氣，好問問我們自己：革命這個詞除了是個字眼之外是否還是甚麼別的，是否有確切的內涵，是否不單純只是受資本主義體制發展所激發的，又被當前的危機所釐清的眾多謊言之一。這個問題看似大逆不道，這是因為所有高貴而純粹的靈魂，為了這個字眼所做的一切犧牲，包括生命。然而，只有教士才能試圖用某個理念所灑下的鮮血的量，來衡量理念的價值[3]。誰知道革命者是否正如詩人筆下的希臘人和特洛伊人一樣，受到虛假外貌的欺騙，繞著海倫的影子互相征戰了十年，無謂地傾灑了鮮血呢？

馬克思主義批判

到目前的時代為止，所有體認到自己的革命情感需要有精確概念的支撐的人，都已經，或者相信他們已經，在馬克思主義中找到了這些概念。人們一勞永逸地接受的是：馬克思以其關於歷史的一般理論，以及他對資產階級社會的分析，證明了一場近在眼前的動盪是一個無從阻止的必然，在這場動盪中，資本主義體制迫使我們承受的壓迫將被廢止；甚至，人們因為被他的理論說服，因此往往會避免更進一步檢驗他的論證。「科學社會主義」已經獲得了教條的地位，正如同現代科學所取得的成果一樣，每個人都認為自己有義務要相信，卻從沒想過要質疑其方法。就馬克思而言，如果我們試著確實地掌握他的論證，我們立刻就會發現他理論中所包含的困難，比「社會科學主義」的傳教士[4]所假設的還多。

說真的，馬克思對於資本主義壓迫機制的理解十分令人欽佩；但他解釋得太透徹了，以至於我們幾乎難以想像如何能讓這個機制停止運作。一般來說，我們只在經濟的層面上承受此一壓迫，亦即剩餘價值的榨取；而如果我們抱著這樣的觀點，那確實就不難向群眾說明：這個剝奪緊密聯繫於我們的對手，而我們的對手又聯繫於私有財產，等到財產變成集體所有的那天來臨時，一切就會變好了。然而，即使在這個看似簡單的論證之內，仔細檢視，還是會出現數以千計的困難。因為，馬克思已經很好地說明了：勞工受到剝削的真正原因，並非資本家可能會有的享樂和消費慾望，而是企業為了要比競爭對手更強大，而盡可能快速擴張的必要。或者，不單是企業，還包括所有類型的勞動集團，不論是哪一種，都需要盡可能地縮減其成員的消費，好獻上盡可能多的時間來打造武器、對抗對手集團；因此，不論多久，只要在地表上還存在著追求權力的鬥爭，只要工業生產依然是勝利的決定性因素，

3 校註：韋伊此處指的是基督教所相信的，耶穌被釘十字架受難，是代替世人贖罪，因此他流的血，具有拯救的意義。韋伊以此批評被宗教化的革命主張。

4 校註：**propagandiste**有傳教者的意思，也有政治宣傳者的意思。

那工人就會繼續遭到剝削。事實上，馬克思所精確地假定，但卻沒有證明的是，所有追求權力的鬥爭，都將在所有工業國家建立社會主義體制的那天消失；唯一不幸的是，正如同馬克思自己承認的，革命不可能同時在各地發生；而當它發生在某個國家時，它也不會消除這個國家對勞動大眾的壓迫與剝削，相反地，它會因為害怕變得比別的國家弱，而強調剝削和壓制勞動大眾的必要。這正是俄國革命歷史的痛苦畫像。

如果我們考慮資本主義壓迫的其他面相，其他更嚴峻的困難就會出現，或者，更好的說法是，同樣的困難就會被耀眼的白日給照亮。布爾喬亞階級用來剝削和壓迫工人的力量，就在我們社會生活的基礎當中，不會因為任何政治和司法的轉化而消失。這份力量，首先在根本上，就是現代生產體制本身，也就是大型工業。就這個主題而言，馬克思的著作中，充滿了各種有力的格言，關乎活勞動被死勞動所奴役的格言，像是「主體與客體關係的翻轉」，「工人臣服於勞動的物質條件」。他在《資本論》中寫道，「存在某種獨立於工人的機器，將工人像活齒輪一般吸收到自身當中……涉入生產活動中的精神力量與體力勞動之間的分離，以及精神力量變成資本對勞動權利的轉化，實現於以機器為基礎的大型工業中。操縱機器的工人的個體命運，其細節在科學面前、在令人敬畏的自然力量面前、在被整合到所有機器當中，並與機器一同構成主人之權勢的集體勞動面前，宛如虛無一般消失無蹤[5]。」因此，工人對企業及其指揮者的徹底臣服，是建立在工廠的架構上，而不是在財產權制度上。同樣地，我們文化的基礎本身，正是「生產中的精神力量與體力勞動的分離」，或者，用另一句箴言來說，「在體力勞動與知識勞動之間可恥的區分」，這是一種專家的文化。科學是一種壟斷事業，這並非因為公共教育機構的組織不善，而是因為它的特質；外行人只能接觸到結果，而非方法，也就是說：他們只能相信，而非理解。「科學社會主義」本身依然是某些人的壟斷事業，不幸的是，「知識份子們」在工人運動中，擁有和資產階級社會裡一樣的特權。而在政治層面上也是如此。馬克思曾清楚地意識到：國家壓迫的基礎，在於常設的、與人民判然有別的政府機器（appareils de gouvernement）的存在，也就是官僚、軍隊和警察等機器；然而這常設的機器是一種根本性區隔的必然後果，此一區隔事實上存在於指揮機構和執行機構間。在這一點上，工人運動完整複製了資產階級社會的缺陷。在所有層面上，我們都迎頭撞上同樣的障礙。我們的整個文明都建立在專業化的基礎上，這便意味著執行者對協調者的服從；而在這個基礎上，我們只能組織和改善壓迫，卻不能減輕壓迫。在

5 校註：根據全集版，此引文出自馬克思，《資本論》，〈卷一：第四部，第十五章〉。

這個文明中，資本主義社會非但不能為自由平等的體制開拓出物質條件，甚且，此一體制的建立，前提正是生產與文化的預先轉化。

馬克思和他的信徒相信：在現今的文明基礎上，有可能建立一個有效的民主政體。對此，我們只能在認識了馬克思的生產力發展理論之後才能理解。我們知道在馬克思看來，說到底，這個發展構成了真正的歷史動力，而它幾乎是沒有極限的。任何社會體制、任何統治階層的「工作」或是「歷史任務」，都是要不斷地將生產力提升到更高的層次，直到社會結構終止了一切後續的進步那天為止；到了這一刻，生產力將起而反抗、打破結構，讓新的社會階級奪取權力。看到資本主義體制碾碎了數百萬人，這只足以讓我們對它做出道德譴責；然而，形成對這個體制的歷史性判決的事實是：該體制在讓生產進步成為可能之後，現在卻已成為了此一進步的障礙。革命的工作，主要在於生產力的解放，而非人類的解放。事實上，顯而易見的是，一旦生產力發展到了足以用較少的力氣來完成生產，這兩項工作便重合了；而馬克思假設，這就是我們這個時代的狀況。正是這個假設，讓他可以為了自己道德上的安寧，在他的理想主義願望，和他的歷史唯物主義觀點之間，建立起某種必要的協調。在他看來，當前的科技一旦從資本主義經濟的形式中獲得解放，就能從現在開始，給予人們充裕的閒暇，讓他們的才能得到和諧的發展，繼而以某種方式，讓資本主義所建立的、可恥的專門化消失；特別是科技的

是與拉馬克[6]相似，後者同樣將自己的整個生物學體系，建立在生物難以解釋的適應傾向上。同樣的「為何」則是，既然社會建制（institutions sociales）與生產力量的發展對立，勝利為何就應該預先屬於其中一個，而非另一個？馬克思顯然並未假設：人類會有意識地轉化他們的社會地位，好改善他們的經濟處境；他非常清楚，直到我們這個時代為止，社會的轉化從未伴隨著某種真正屬於轉化範圍內的明確意識，因此，他暗中承認生產力具備了某種神祕的能力，讓它能克服各種障礙。說到底，他為何在缺乏論證的情況下，提出生產力傾向於無止盡發展的說法，好像這是個不證自明的真理一樣？作為馬克思主義革命概念的基礎，這整個學說，是絕對缺乏任何科學特徵的。要了解這個學說，就必須回想馬克思主義思想的黑格爾起源。黑格爾相信在宇宙的運作中隱藏著某種精神，而世界歷史僅只是這個世界精神的歷史，而正如同所有精神性的事物一樣，這個世界精神也無限地趨向完美。馬克思聲稱要將黑格爾的辯證法「雙腳放回實地」，並控訴他是「頭下腳上[7]」；他將精神的材料換成歷史動力；然而，他從這個校正開始，透過一個絕妙的悖論，像是將精神的材料本身歸給物質一樣，他將歷史設想為對完美的永恆渴望。由此，他便由衷同意了資本主義思想的普遍潮流；將進步的原則，從精神轉移到物，意味著給予這種「主體與客體關係的顛倒」某種哲學的表述，馬克思就在這裡面看見了資本主義的本質本身。大工業的飛躍，讓生產力成了馬克思在構思歷史概念時，儘管不願意，卻仍然受其影響的某種宗教的神祇。在說到馬克思時，宗教這個詞可能會令人驚訝；但相信我們的意志會與某個神祕意志相互靠近，而這神祕意志會運行在世界上並幫助我們獲得勝利，這就是宗教式的思考，就是相信神意。此外，就連馬克思的詞彙本身也證明了這點，因為他包含了幾近神祕主義的表達方式，像是「無產階級的歷史任務[8]」。這個生產力宗教，即企業主以其名義壓榨勞工大眾而絲毫不感到內疚的宗教，在社會主義運動內部，同樣構成了某種壓迫的要素；所有的宗教都只將人當成服務神意的工具，同樣地，社會主義也讓人類服務於歷史的進步，亦即生產的進步。這也是為什麼，不論現代俄國壓迫者對馬克思的崇拜如何侮辱了他身後的名聲，都不是完全不相稱的。確實，除了對自由和平等的崇高嚮往，馬克思未曾有過其他動機；只是這份心願，一旦與其精神上所摻雜的唯物主義宗教區分開來，便不再是別的，而是屬於那些馬

6 校註：讓—巴蒂斯特・皮埃爾・安托萬・德・莫奈・德拉馬克騎士（Jean-Baptiste Pierre Antoine de Monet, Chevalier de Lamarck, 1744-1829），提出「用進廢退」與「獲得性遺傳」等學說。著有《動物哲學》（一八〇九）。

7 校註：根據全集版，此引文出自馬克思，《資本論》。

8 校註：根據全集版，此引文出自馬克思，《法蘭西內戰》。

克思不屑地稱之為烏托邦社會主義的東西。馬克思的作品如果沒有包含什麼更珍貴的東西，那或許被遺忘也無妨，至少他經濟分析之外的作品是這樣。

但事情並非如此，除了逆向的黑格爾主義，我們在馬克思的學說中還發現另一種概念，亦即不具任何宗教性的唯物主義，構成這種唯物主義的並不是教條，而是一套行動與認識的方法。這在許多十分偉大的心靈中並不罕見，亦即兩個判然有別，甚至互不相容的概念，在語言難以避免的不精確中彼此混淆；他們專注於新概念的闡述，沒有足夠的時間去批判性地檢視自己的發現。馬克思的偉大概念，在社會裡就和在自然當中一樣，一切都只能透過物質的轉化（transformations materielles）來實現。「人們創造自己的歷史，但卻是在既定的條件下創造歷史[9]」。慾望並不重要，重要的是必須認知到決定我們行動可能性的物質條件；而在社會的領域裡，定義這些條件的，則是人類在供應自身需求時服從於物質必要性的方式，換言之，即生產方式。要有系統地改善社會組織，前提是得先對於生產方式進行深入研究，一方面，是為了探求在效益的層面上，我們在立即的和遙遠的未來能期待什麼，另一方面，哪一種社會和文化的組織形式可與之相容；最後，它本身能如何轉化。只有不負責任的人才會忽略這樣的研究，卻還企圖控管整個社會；而不幸的是，目前各處狀況皆是如此，包括在革命者和統治者的圈子裡。唯物主義的方法論，這個馬克思留給我們的工具，是一個未經開採的工具，沒有一個馬克思主義者真的用過它，從馬克思自己開始便是如此。在馬克思的著作中唯一真正珍貴的主張，正是唯一一個完全被忽略的主張。源自於馬克思的社會主義運動全都失敗了，這並不足為奇。

第一個要提出的問題，是工作的生產效率。我們是否有理由假設，現代科技目前的水平，在公平分配的假定下，足以保證每個人有夠好的生活和閒暇，好讓個人的發展能不再受到現代的工作條件所束縛？似乎有許多的幻想在靈巧的政治宣傳底下維持著。然而該計算的並不是這些利潤；那些會被重新投資到生產中的利潤，都會從工人身上剝奪得一乾二淨。必須要做到的，是算出轉化私有財產制度為代價時，我們所能避免的工作之總和。而這還不能解決問題；必須考慮到那些需要徹底重新組織生產機器（**l'appareil de production**）的工作，重新組織的必要性，在於讓生產能夠適應新的目的，亦即大眾的福祉；我們不應該忘記，在資本主義體制尚未在全地被摧毀之前，武器的生產不會停止；特別必須先考慮到：摧毀了個人的利潤，雖然讓某些形式的浪費徹底消失，但也必然會刺激其他事物的摧毀。我們顯然不可能做出精確的計算，但是，要意識到私有財產

9 校註：根據全集版，此引文出自馬克思，《路易．波拿巴的霧月十八日》。

制的廢除，遠不足以阻止礦場和工廠中的苦役繼續像奴隸制一樣，壓在被迫屈從的人身上，精確地計算並非必要。

然而，如果當前的科技狀況還不足以解放工人，我們是否能夠至少合理地期待科技注定會永無止境地發展，工作生產率因此也會無限增長？所有人，包括資本主義者與社會主義者都接受這個說法，卻對這個問題沒有預先做過任何研究；只要三個世紀以來，人類勞力的生產率以一種難以置信的方式增長，就足以讓我們預計此一增長會以同樣的節奏持續下去。我們所謂科學的文化給了我們這種致命的習慣，即隨意地概括與推斷，而非研究一個現象的各種條件及其隱含的限制；至於馬克思，儘管他的辯證方法本應能免於這樣的錯誤，但在這點上，他也陷入和其他人一樣的錯誤。

這是最重要的問題，其本質決定了我們的所有觀點；必須以最精確的方式予以表述。為此，首先重要的是知道科技的進步指的是什麼、有哪些因素在起作用，並分別檢視每一因素；因為在科技進步的名義底下，我們混淆了完全不同的進程，這些進程提供的是不同發展的可能性。第一個讓人能以更少的勞力提高生產的進程，是天然能源的使用；在某個意義上，我們確實無法為了這個進程的好處設定一個明確的限制，因為我們不知道將來可以用上哪些新能源；但是，這並不表示這個途徑就會通向無限進步的前景，也不表示進步得到了普遍的保證。因為，自然不會憑空賜予我們這種能量，不論這能量以下述哪種不同的形式展現，動物勞力、煤、石油；我們必須用勞力來攫取這些能量並加以轉化，以適用於我們自己的目的。否則，耗費的勞力未必會隨著時間過去而逐漸減少。目前正在發生的事情對我們而言正好相反，因為煤和石油的開採變得永無休止，自然會導致收益減少且價格益貴。甚者，目前已知的礦層注定都將在一段相對短暫的時間後耗盡。我們能夠找到新的礦層；但是，新礦場（其中某些或許會失敗）的搜尋與設置都將所費不貲；此外，我們不知道總的來說，還有多少未知的礦層存在，無論如何，數量都不會是無限的。我們也可以尋找新能源的來源，而且無疑總有一天必須這麼做，只是完全無法保證使用這項能源所需的勞力，會比使用煤礦或石油所需的勞力更低；結果相反的可能性是一樣的。嚴格來講，也有可能發生使用某樣天然能源所需耗費的力量，高於我們試圖以之取代的人力。在這裡做決定的，是偶然；因為不論是要發現某種新而容易取得的能源，或是轉化某種已知能源之來源的經濟程序，都不是某種只要以有條理的方式反思並花下時間後，就一定能做到的事情。在這個主題上，我們為自己製造了幻覺，因為我們習慣從外在考慮科學的發展，把它看成鐵板一塊；我們沒有意識到，如果某些科學成果僅只仰賴專家學者善用其理性，其他的則有賴於幸運的遭遇。對自然力的運用正是如此。的確，能源肯定都是可轉化的；但是學者並不那麼肯定在他的研究過程中不會遇上什麼方式，比開採者找到一處礦藏豐富的領地更有經濟效益。在海

速度明顯加快，孤立的工人雖然也能做得一樣好，但卻慢得多，因為每個人都得自己付出協調的心力，但組織工作卻能讓一個人負責起很多其他人的利益。亞當．斯密關於飾針製作的著名分析便提供了一個例子。有時（而且最重要的是），對勞力的分工和協調所能產生的巨大成就，有無限超越單一個人之成就的可能。同樣必須注意的是和能源及原料的運輸相關的經濟活動，這種經濟活動使得不同的地區得以專門化，而無疑還有其他許多的經濟活動，研究起來要花費的時間太長。不論如何，只要我們看一眼當前的生產體制，似乎已經十分明顯的是，非但這些經濟要素包含著某種極限（過了這個極限，這些要素就成了浪費），而且我們已經達到並且超過這個極限了。已經有好幾年了，公司的擴張帶來的並不是基本消費的降低，而是增長；公司的運作也變得更加複雜，無法進行有效的控制，使得浪費的空間越來越大，並激發了擴張的加速，而某種程度上的冗員，也影響到公司不同部門之間的協調。交換的擴張作為經濟進步的要素，曾經扮演過極為重要的角色，但也產生了更多可以避免的花費，因為長久以來貨物已經不具生產性了，也因為受到交換所影響的工作人員也在增加，並且速度越來越快，更因為一切創新的目的都在於加快速度，導致運輸消費的能量不停增加，而隨著創新接連出現，它必然會越來越昂貴，卻越來越沒有效率。因此，在這所有方面，嚴格來講，如今進步已經轉化成某種倒退。

協調勞力在時間裡帶來的進步，很可能是科技進步最重要的要素，但也是最難以分析的。從馬克思開始，我們就習慣了說這種進步是「用死勞動來代替活勞動」，這句格言極為不精確，因為它是朝向一個科技階段持續演進的形象，在這個階段裡（如果我們可以這麼說）所有的工作都已經做完了。這個景象純屬幻想，和人類能像取得源於自己生命的力量一樣，要立即取得某種天然能源的來源同樣是幻想。此處的替代，不過是將那些能夠直接取得某些成果的運動，換成其他因為惰性物質的傾向而間接產生此一結果的運動；這永遠是將人類勞力的角色託付於那些物質，然而用的卻不是特定自然現象所產生的能源，而是某些物質所擁有的韌性、穩定性、持久性。在任何例子裡，都只有透過人類的勞動，才能讓物質的盲目與冷漠的屬性，適用於人類的目的；而在任何例子裡，理性都禁止我們預先承認：此一適用的工作，必然應該低於人類為了直接達到眼前的目標所應付出的心力。然而，雖然天然能源的使用極為仰賴不可預期的遭遇，但對於堅固的惰性物質的使用，總的來說卻一直都在進行，按照我們一旦理解原則，便能在思想中加以採納和延續的原則，持續進步。第一個階段，和人類歷史一樣古老的階段，是將為了阻止某些事物的特定運動所做的一切抵抗的努力，託付給那些被置放在合適地方的物件。第二個階段，定義了確切意義上的機械化；我們發現自己不僅可以使用惰性物質來確保它在必要時靜止不動，我們甚至還可以讓它維持彼此間運動的永恆關係（在此之前，這關係應該每次都是藉由思想而建立起來的），從此機械化便成為可能。為達此一目的，有必要，也只需要我們能將這些關係記錄下來，並轉為堅固材料所被賦予的形式。正因如此，第一個打開了工業化道路的進步之一，就是讓織布工人免去了選擇拉線以適應織品的花樣，而這得歸功於一片紙板，上頭打了與花樣相符的洞。在各種類型的工作中，這種秩序上的轉變，如果我們只能一丁一點地逐步完成，並且非得借助於顯然出自於靈感或巧合的發明不可，那是因為體力勞動結合了許多恆常的要素，經常被隱藏在真相的表象底下。這正是為什麼工作瑣碎的手工業在順序上必然先於大工廠。最後，第三個，也是最後一個階段，對應的是才剛開始出現的自動化科技；其原則在於託付給機器的可能性，而要託付的，不只是一道永遠相同的操作程序，而且是一整套多樣化的操作程序。這整套程序的廣泛與複雜可以隨我們所欲；只要是預先界定清楚且有限的變化即可。在某種程度上，自動化科技仍處於初步階段，於是理論上它還能無限發展；而為了滿足人類的需求去使用這種科技，其中唯一的限制是：不可在人類的存在條件上，加入一些不可預期的部分。如果我們可以設想某種生活條件，其中絕不包含任何不可預期之事物，那美國的機器人神話就可以有某種意義，而藉由全世界的系統性安排來徹底取消人類的工作也就是可能的。但這絕非事實，那不過是種虛構；不過，以理想限度的名義，設計這些虛構還是有用的，如果在生活中，能讓人類至少有權力以任何方式逐漸減少這個不可預期的部分。但這也不是事實，永遠不會有任何科技，能讓人類免於持續地革新他們使用的工具，使其適應他們額頭上的汗水。

在這些條件底下，我們不難想像：某種程度的自動化所需的人力，實際上會比更低階的自動化更高。至少，能夠抽象地加以想像；在這件事情上要做出具體的評估，幾乎是不可能的，因為必須納入考量的因素眾多。已有機械可執行的採礦，只能以人力的方式操作；而當牽涉到煤礦時，工作在執行時變得越來越難以度量，還不說那些有名的礦脈被開採完的速度相對更快；人類會繁衍，鐵礦不會。同樣不應忘記的是，儘管財務報表、統計資料、經濟學家的著作中不屑寫出這點，但採礦工作比大部分其他工作更痛苦、更耗力、更危險：鐵礦、煤礦、鉀，這些東西全沾滿了血。而且，自動化機器只有在製造一系列的大量產品時有優勢；因此，它的運作與過度的經濟集中化所導致的混亂和浪費有關；另一方面，它製造了一種緊張，必須生產得比滿足真實所需的更多，這也導致了對珍貴的人力和原物料無益的浪費。更不該忽略所有科技進步所導致的花費，包括之前的研究、配合這項進步所需的其他類型的生產，以及所拋棄的老舊器材，它們被丟棄時通常還能使用很長時間。所有這些都是連粗略估量都沒法做到的。唯一清楚的是，整體而言，科技程度提升得越高，新的進步所能夠帶來的好處就越會被它的弊病所削減。然而，我們又沒有任何方法能看清我們和某個邊界之間的遠近，而正是從跨過這

然與某種科技的既定形式相關。目前需要了解的只是：今後與勞動產能相關的進步並非確切無疑的；根據所有表象來看，目前我們有足夠的理由可以相信，我們將看見的是產能的消退而非增長，而更重要的是，持續且無限的產能增長確實是難以想像的。這完全是科技迅速進步所產生的狂熱，催生了工作有天將成為多餘的瘋狂想法。在純科學的層面上，這個想法被轉化為「永動機」的研究，亦即一部無限地產生功率而且從不消耗的機器；為此學者們急忙提出能源保存的相關法律。在社會的範疇裡，妄想總是更受歡迎。總的來說，被馬克思認為是社會發展最後階段的「更優越的共產主義階段」，完全就像是永動機一樣的烏托邦。而正是為此烏托邦之名，革命者灑下了他們的鮮血。更清楚地說，他們之所以揮灑鮮血，是為此烏托邦之名、為了一份信仰，這份信仰和認為一條簡單的法令，就可以讓當前的生產體系服務於自由和平等的人和社會一樣的烏托邦。這麼多的鮮血白流了，有什麼好教人吃驚的？工人運動的歷史閃耀的光芒如此殘酷，但卻又特別強烈。我們對這整段歷史的總結顯示，工人階級的力量從未像在工人革命中一樣表現得如此有力。對工人運動而言，只要是貢獻於清算封建殘餘，或是整頓資本主義的宰制，不論是在私人資本主義的形式下，或是在國家資本主義的形式下（如同俄國的例子），工人運動就能給人力量的幻象；現在它的這個角色已經結束了，而它面前的危機所提出的問題是：勞工大眾如何有效取得權力，但工人運動分裂與消融得如此之快，粉碎了其過去的信仰者的勇氣。在工人運動廢墟之上，展開了永無止境的爭論，這些爭論只能藉由最模稜兩可的口號來平息，因為，在所有還堅持談論革命的人之中，或許沒有兩個人會給這個詞同樣的涵義。而這沒什麼好驚訝的。革命是我們為之殺人、為之赴死、為之送人民大眾去死，卻沒有任何內容的字眼。

然而，我們或許可以賦予革命的理念某種意義；如果不是作為一種可能的視角，至少也是作為可實現之社會轉化的理論限制。我們對革命的要求，是廢除社會壓迫；但若要讓這個概念至少有機會有任何意義，我們就必須先在某種社會秩序中，細心分辨壓迫以及個別的任意屈從。只要社會存在，它就會將個人的生命封閉在極為狹隘的限制中，並將其規則強加到個人身上；但這種無可避免的限制還不足以被稱為壓迫，除非它確實在行使和承受這種限制的人中間促發了某種區隔，讓前者任意處置後者，由此讓執行者承受命令者的壓力，直到他們的肉體和精神都被碾碎。但是，就算在發生這樣的區分之後，也沒有什麼能讓前者一開始就假定，只因有了限制，就有可能清除壓迫，這事實上就連僅只是想像都是不可能的。馬克思已經費心指出，在那些他自己也不接受其意義的分析中，當前的生產體制（亦即大工業）將工人縮減為僅只是工廠裡的齒輪、指揮者手中的簡單工具；而且，期盼靠著生產力持續而逐步地減低，科技進步能夠減輕自然與社會給人的雙重壓力，直到近乎消失，這只是枉然。如此一來，問題就很清楚了，就是要知道我們是否能夠設想一個生產組織，它儘管無法消除自然的必然性及其所導致的社會的限制，但至少能在運作時，不讓壓迫碾碎心靈與肉體。在我們這樣一個時代，清楚地掌握這個問題，可能是讓自我能夠平靜生活的條件。如果我們能夠具體地設想這個解放的組織所需的各種條件，剩下的就是為了朝向此一目標前進，全力進行我們安排的大大小小的行動。如果我們清楚理解到，這種生產模式的可能性甚至是不可想像的，我們贏得的，至少是能夠合法地順服壓迫，然後停止相信其共謀者，因為沒有什麼方法可以有效地阻止共謀者。

關於壓迫的分析

總的來說，這指的是認識到是什麼將一般的壓迫，以及每一種特殊的壓迫形式，連結於這個生產制度；換句話說，就是要做到對壓迫機制的掌握，包括其發生、存續與轉化的根據，及其在理論上可能消失的根據。這是（或幾乎可說是）一個新的問題。好幾個世紀以來，那些高貴的靈魂一直將壓迫者的力量視為某種純粹而簡單的竊據，而我們必須試著藉由表達簡明而激烈的斥責，或者藉由司法機構的強迫力，來抵抗這樣的竊據。這兩種方式的失敗一直都很徹底；最意味深長的失敗，是如同法國大革命的例子，在某個時刻獲得了勝利的表象，實際上成功地讓某種壓迫形式消失後，人們立刻無力地試圖建立一種新的壓迫。

這個失敗的回聲曾為所有其他的失敗加冕，而對這個失敗的反思，最終讓馬克思理解到，只要那些讓壓迫不可避免的原因繼續存在，我們就無法取消它，而這些原因存在於社會組織的客觀條件，亦即物質條件當中。由此他構想出一種全新的壓迫概念，不再將壓迫視為對某種特權的竊占，而是視其為某種社會功能的器官。這個功能正是發展生產力，只是這個發展需要艱困的勞力和嚴重的剝奪；而馬克思和恩格斯理解到在這個發展和社會壓迫之間的互逆關係。首先，根據他們的看法，壓迫只建立在生產進步引發的分工，而這分工的力量夠大，足以讓交換、軍事指揮和政府形成判然有別的功能；另一方面，壓迫一旦建立，就會刺激生產力的後續發展，並隨著這個發展的要求而改變形式，直到某一天，它變成發展的阻礙而非助力時，就會直接徹底消失。在這幅馬克思主義者所描繪的圖畫中，有某些具體的分析十分精采，而儘管這是種進步，取代了天真的義憤，我們仍只能說這是灑在壓迫機制上的一道曙光。他僅只是部分描述了該機制的誕生，但誰說分工必然會轉向壓迫呢？這完全無法合理地推導到最後的結論；因為，如果說馬克思相信他指出了資本主義體制如何終結於對生產的阻礙，他卻未曾嘗試證明我們時代其他所有的壓迫體制，也同樣阻礙了生產；再者，我們忽略了為何壓迫不能夠成功地持續，甚至有次還成為了經濟衰退的要素。特別是，馬克思忘了解釋：為何壓迫只要仍有用處就所向無敵，為何起義的受壓迫者從來無法成功建立一個沒有壓迫的社會，不論是以他們時代的生產力量為基礎，或者甚至是以經濟衰退為代價，這可讓苦難變得難以擴張。最後，他完全將這個機制的基本原則留在黑暗之中，而正是透過這個機制，一個壓迫的明確形式才被另一個取代。

更甚之，不僅是馬克思主義者沒有解決這些問題中的任一個，他們甚至不相信應該要明白地提出這些問題。他們看來像是充分了解了社會壓迫，認為社會壓迫對應於人類與自然的鬥爭當中的某種功能。但在此之外，他們並未澄清這種對應——他們只有說明資本主義體制；但是，無論如何，假設這樣一種對應構成了對現象的解釋，那就等於將拉馬克的著名原則無意識地應用在社會中的各器官上，亦即那既難以理解又方便的「功能創造器官」。當達爾文以存在條件的概念取代這個原則時，生物學才開始成為一門科學。其進步在於：功能不再被視為原因，而是這個器官的效果，這也是唯一可理解的秩序；原因這個角色至此才被歸因於某種盲目的機制，亦即遺傳因素和偶然變化的結合。對他自己而言，老實說，這個盲目的機制只能偶然地產生隨便什麼東西；在此，重新發揮作用的是器官對功能的適應，這適應乃是藉由除去不可行的構造來限制偶然，不再以神祕傾向之名，而是以生存條件之名；而界定這個條件的，則是人體與其四周部分惰性、部分充滿生氣的環境之間的關係，特別是那些與之競爭的人體。從這時起，對生物而言，適應就被設想為具有外在必要性，而不再具有內在必要性。很清楚的是，這個清楚明白的理論，並不只在生物學上有效，而是在一切我們發現不由人來組織的組織化結構存在的地方都有效。為了要能夠在社會事務上仰仗科學，馬克思主義必須完成某種進步，類似於達爾文為拉馬克所完成的進步。除了被視為獨立個體的人們日常付出的努力之外，不應再去別處尋找社會演化的原因。這些努力並非毫無方向；對每個人而言，這些努力都取決於性情、教育、習慣、風俗、偏見、自然的或經驗的需求、環境，以及總的來說，即人性；這個詞雖然難以定義，但很可能並非毫無意義。但有鑑於幾乎難以界定的個體的多元性，特別是有鑑於人性中包含的還有創新、創造，以及超越自我的能力，這層無條理的努力的織體，可以在社會組織上產生任何事物，如果機運在這個範疇裡不受限於各種存在條件，即那些所有社會都得符合，否則就會被征服或是被消滅的存在條件。這些存在條件最常被臣服於它的人們忽略；它起作用的方式，不是在每個人的努力上強加某個明確的方向，而是讓所有的努力變得無效，只要那些努力朝向它所禁止的道路。

這些存在條件，首先，對生物而言，一部分是由周遭環境所決定，一部分是由存在和活動所決定，特別是由同類中其他競爭者的存在，也就是其他社會團體的出現所決定。但是，還有第三個要素在發揮作用，也就是對自然環境、工具、武器、工作的程序和戰鬥的調整；這個要素占有一個特別的位置，因為當它對社會組織的形式產生影響時，它自身會承受其反應。此外，這個要素是唯一一個社會成員或許能夠多少有點掌握的要素。這個概略的描述太過抽象，還無法當作指引；然而，如果我們能夠從這個粗略的觀點出發，達到具體的分析，它最終應該仍有提出社會問題的可能。作為獨立個體來行動的人所點燃的善良意志，是社會進步唯一可能的原則；一旦人們清楚認識到社會的需求，發現這需求在這善良意志力所能及的範圍之外，猶如支配天體的意志，那我們只要像觀察四季進程一般地觀察歷史的發展，就能盡可能地避免自己及所愛的人遭遇不幸，不論是淪為工具或是社會壓迫的受害者。但是，如果是別種情況，那首先就必須以理想的限制之名，界定是什麼客觀條件，為一個絕對純屬壓迫的社會組織留下空間；接著，再尋找有什麼方法或措施，可以有效地轉化這個現實既存的條件，好讓它更接近於這個理想；以及去找尋在整體的既定客觀條件下，最不壓迫的社會組織形式是什麼；最後，在這個領域界定行動的權力，以及被視為獨立個體的人的責任。在這個狀況下，只有政治行動能夠變成某種類似於工作的東西，然而直到今日，它都比較像是一場遊戲，或是某種魔術。

不幸的是，要做到這些，不僅需要深刻而嚴格的、為了避免所有錯誤而順從於最嚴謹控制的反思；還必須以前所未有的寬廣和嚴謹，以全新的視角，進行歷史、技術和科學的研究。然而，事件不會等人，時間也不會停下來讓我們安排閒暇；當前發生的事急迫地落到我們身上，帶來了威脅我們的災禍，這災禍非但招來許多令人心碎的不幸，還導致了一種具體的不可能，也就是某種讓我們的研究與書寫無法不服務於壓迫者的機制。怎麼辦？在混戰中，讓自己被未經思考的衝動帶著走，這無助於任何目的。至於我們習慣上還稱之為革命的行動，對此沒有人有任何哪怕是最虛弱的主張、目標或是方法。至於改革主義，若說至今為止改革主義者犯下的錯誤讓它信用掃地，但構成其基礎的最少傷害原則，卻是完全合理的；只是，若它仍然只被當作妥協的藉口，這並不是因為幾個領導者的膽怯，而是因為所有人不幸共有的無知；因為，只要我們沒有根據設想清楚而具體的理念來界定最佳與最劣者，再決定可能性的確切邊界，我們就不會知道什麼是最小的傷害，而從這時起，以此名義[10]，那些手握權力的人要實質強加在我們身上什麼，我們就只能被迫接受，因為任何真實的壞處，都永遠比可能的壞處來得小，而可能的壞處永遠有導致未經考慮的行動的風險。總的來說，目前除了屈服和冒險，我們這

10 校註：指「最小傷害」或「兩害相權取其輕」的名義。

些盲人幾乎沒有其他選項。然而，從現在起該採取什麼態度來面對當前的情勢，是我們不能逃避的決定。這也是為什麼，在拆解社會結構之前（如果這是可能的），或許可以先試著草擬一些原則，只要能確定這些原則排除了任何類型的絕對的斷定，並且目標只在於以假設的名義提出某些想法，讓正直的人進行批判性的檢視。此外，在這個主題上，我們遠非毫無指引。如果馬克思的體系總的來說沒什麼幫助，其中卻有他對資本主義的具體研究所做出的分析，而在這分析中，儘管他深信自己僅只是在為一個體制定性，他卻肯定不只一次掌握到了壓迫本身隱藏的本質。

在歷史中顯現的所有社會組織形式中，我們很少看到表面上真的像是純粹壓迫的形式，而且這些形式還鮮為人知。這些形式幾乎都對應於極低度的生產，低到連分工制度都幾乎不為人知，如果有也只是在兩性之間，而每個家庭的生產絕對不會比消耗的更多。此外，這樣的物質條件顯然會強行排除壓迫，因為每個人受限於餵飽自己的需求，而必須不斷地面對外在自然的要求；在這個階段，就算有戰爭，也是搶奪和消滅的戰爭，而非征服戰爭，因為沒有確保戰利品，特別是從中獲益的手段。令人驚訝的，並不是壓迫只出現在更高度的經濟形式中，而是它永遠伴隨著更高度的經濟形式出現。因此，在一個完全的原始的和更加發達的經濟形式之間，並不是只有程度的差異，同時還有本質上的差異。事實上，從消費的角度來看，如果只有一條路可以通往稍好一些的生活，那生產這個決定性的要素，就會從本質上開始產生變化。乍看之下，這個變化在於在自然方面逐步地解放。在完全原始的生產形式中，打獵、釣魚、採集，人類勞力的表現，在於單純地回應自然對人類從不間斷的無情考驗所帶來的壓力，而這回應有兩種方式；首先，它發生或幾乎總是發生在直接的強制底下，在自然需求持續不斷的刺激底下；其次，作為間接的結果，行動似乎從自然本身獲得其形式，這是因為一種類似於動物本能的直覺，以及對最為頻繁的自然現象的耐心觀察所扮演的重要角色，同時也導因於某些無限重複的進程，這些進程經常完成於我們不知原因的情況下，並且也無疑被視為特別蒙自然喜愛而被接受。在這個階段，每個人相對於其他人都是自由的，因為他直接連結於自身的存在條件，沒有任何屬人的事物能介入他和這些條件之間；但反過來說，人也同樣嚴格地臣服於自然的統治，人類對自然的神聖化便清楚表明了這點。在更高階的生產過程中，自然的限制肯定仍然持續運作，其運作方式也總是殘酷無情的，但在表面上卻不那麼直接；這限制看起來變得越來越廣泛，並且為人類的自由選擇留下了越來越大的空間，讓人發揮主動與決斷的能力。行動不再每分每秒聯繫於自然的要求；我們學會了為各種尚未感受到的需求，建立起長期的儲備；只有間接效用的勞力越來越多；同時，在時間與空間中進行有系統的協調變得可能並且必要，而其重要性正持續增長。簡言之，就自然而言，人類似乎越過了許多階段，從奴隸變成了統治者。同時，自

變得太多又太複雜，無法讓所有人都認識，因而就變成了祕密，緊接著被某些教士所壟斷；教士於是就支配了（儘管這也只是種虛構）自然的全部力量，並且以這些力量之名號令眾人。而當壟斷的不再是宗教儀式而是科技方法時，並沒有什麼根本的改變發生，只是掌握這種壟斷的人不再被叫作教士，而叫作學者和技術專家。武器也一樣，生出了當今的特權：一方面，武器強大到足以讓沒武裝的人難以對抗有武裝的人，另一方面，一旦武器的操作變得足夠完善，隨而變得足夠困難，就需要長時間的學習以及持續的練習。因為，當勞動者無力自我防衛時，無法生產的軍人，卻總能利用武器奪取他人工作的果實；因此，是勞動者受軍人的支配，而非相反。對黃金或更普遍的貨幣而言也是一樣，當分工推進到一定程度，就沒有任何勞工能單靠自己的產品過活，而必須至少拿一部分來和他人交換；如此一來，交換的組織必然變成由某些專家所壟斷，而這些人手裡有了金錢，為了生活，能夠同時謀得他人的勞動果實，並剝奪生產者的生活所需。最後，不論在任何地方，只要有同人類或是自然的對抗，要讓勞力變得有效，就得在彼此之間相互補充與協調，而協調一旦達到一定的複雜程度，就會由某些指揮者所壟斷，而執行的首要律令就是服從；這對於公家的行政和私人公司的管理而言都是一樣的。特權還有其他的來源，但主要的就是這些；另外，除了貨幣是出現在歷史中某個特定的時間點之外，所有的壓迫體制底下都有這一切的要素在發揮作用；改變的，是這些要素分配

哪種權力，永遠都得試圖用外部取得的成功來鞏固內部，因為這個成功能讓他以更有力的方式約束內部；此外，與競爭者的鬥爭緊隨著的是贏得競爭者的奴隸，後者有種關心爭鬥輸贏的幻覺。然而，要獲得對於戰爭勝利必不可少的奴隸的順服以及犧牲，權力就必須變得更具壓迫性；為了實行這樣的壓迫，權力就更是亟需轉向外在，如此等等。我們可以從另一個鏈結出發走過同一條鎖鏈：當一個社會群體要抵抗某個企圖兼併自己的外在強權時，就必須讓自己臣服於一個壓迫性的權威；而如此建立起來的權力，為了維持掌權的地位，勢必挑起與敵對權力之間的爭鬥，如此等等，循環往覆。正是因此，這個最致命的惡性循環，誘使整個社會追隨主人繞著一個荒誕的圓圈。

只有兩種方法能打破這個循環：取消不平等，或者建立一個穩固的權力，一個在命令者與服從者之間有所平衡的權力。第二種解決方法，就是我們口中的秩序擁護者們，或至少是那些既不受奴役，也不受野心所驅使的人，一直以來所致力探究的一切；拉丁作家們無疑正是如此，他們頌揚「無限崇高的羅馬和平[11]」，如但丁，如十九世紀初的

11 校註：**Paix romaine**，拉丁文**Pax Romana**，亦稱羅馬治世，指從公元前三〇年屋大維消滅埃及托勒密王朝、結束羅馬內戰起，直到公元一八〇年，馬可・奧勒留過世為止，羅馬帝國約兩百年的承平時期。韋伊對羅馬帝國的批判非常激烈，亦可見於韋伊，《扎根：人類責任宣言緒論》。

反動派，如巴爾札克，以及今日的真誠和審慎的右派人士。然而，權力的穩定，這個自命現實主義者們的目標，似乎是種空想，如果我們湊近端詳，它就和無政府主義的烏托邦一樣。

在人類與物質之間，每一個不論是否幸運的行動，都會建立起一種只能從外部打破的平衡；因為物質具有惰性。一塊石頭被移動過後，會接受它的新位置；風不會拒絕引領帆船，只要安置好風帆和舵，風就會改變船的航道。然而，人類根本上是主動的存有，而且擁有自我決定的能力，即使他們想要也永遠無法放棄，除了死亡讓他們重新淪為惰性物質的那天；因此，在一切對人的勝利中，都包含著某種可能之失敗的胚芽，除非勝利被推進到底，直到對手滅絕。然而，滅絕消除了力量，是因為消除了力量的對象。因此，在力量的本質當中，有一個根本的矛盾，讓力量無法真實地存在；我們所謂的主人們，他們被迫永無休止地強化他們的權力，以避免這些權力在他們眼皮底下被奪走。他們從未停止追求一個基本上不可能擁有的宰制權，希臘神話為這份追求提供了一幅絕佳的圖像：地獄中的酷刑；如果一個人能擁有的強力超越眾人的集合，情況就會不同，但事情從來不是這樣；權力的道具，如武器或機械，法術或科技的祕密，始終存在於掌握他們的人之外，而且能夠被其他人拿走。因此，一切權力都是不穩固的。

總的來說，在人類之間，統治與被統治的關係從來不是完全可接受的，這些關係總是構成某種無藥可救並且持續惡化的不平衡；就連在私生活的領域中也是如此，譬如愛情，一旦靈魂試圖馴化或者馴服於其所愛的對象，就會破壞一切靈魂中的平衡。不過在此，至少沒有任何外在的力量反對理性的回復，並以自由與平等的建立來整飭一切；但說到社會關係，既然工作以及戰鬥的方法本身就排除了平等，那社會關係似乎就將瘋狂如外來的宿命般壓在人類肩上。因為，既然權力從來不存在，僅存在對權力的追逐，而這個追逐沒有終點、沒有極限、無窮無盡，那這追逐所需的氣力就同樣沒有極限或限度；投身其中的人，就永遠不得不做得比他們的對手更多、在他們這邊要比對手更盡力，為此必須犧牲的不僅是奴隸的存在，還包括他們自己以及他們最珍視的存在；就是這樣，以女兒獻祭的阿伽門農[12]在資本家當中復活，這些人為了維持特權，輕易地接受了可能會奪走他們兒女的戰爭。

就這樣，對權力的競逐控制了所有人，包括掌權者和無權者。馬克思在資本主義體制中清楚地看到了這點。羅莎．盧森堡反對馬克思主義描述的資本主義累積的圖像，即

12 校註：Agamemnon，根據荷馬史詩《伊里亞德》和《奧德賽》，阿伽門農是特洛伊戰爭中希臘盟軍的領袖，因為害怕戰事失利，便以自己的女兒為祭，但狩獵女神黛安娜出於惻隱之心，以大風捲走女孩。

「在虛空中轉動的旋轉木馬[13]」的表象；在這幅圖像中，最簡化地說，消費展現為某種「必要之惡」，某種單純的維生方式，好讓所有付代價的人，不論是老闆或是勞工，都獻身於某個至高的目標，而這個目標不是別的，只會是生產出工具，亦即各種生產的手段。然而，正是這幅圖像深刻的荒謬，展現出其中深刻的真理，這真理遠遠超出了資本主義體制的框架。這個體制唯一的特色就是：工業生產的工具，同時也是權力競逐的主要武器；但是追逐權力的過程不論如何，總是會讓人感到同樣的暈眩，並以絕對目的的名義，要求人們承認權力。正是這個暈眩的反射，賦予了某些作品某種史詩般的宏大偉岸，像是《人間喜劇》，或是莎士比亞的歷史劇，或是《武勳詩歌》[14]，或是《伊里亞德》。《伊里亞德》真正的主題，是戰爭對戰士的影響和支配，以及戰爭透過戰士的中介，對所有人類的影響和支配；沒有人知道誰為什麼犧牲了，而且犧牲了他的所有，為了一場兇殘而毫無目的的戰爭，而這就是為什麼在整首詩當中，詩人將一切都歸因於眾神的神祕影響：和平會談的失敗、不斷重新燃起的敵意、讓戰士們放棄對抗的一絲理性之光[15]。

同樣，在這首古老而神奇的詩中，已經顯現出人性中最主要的惡，也就是以手段代替目的。故事有時聚焦在戰爭，有時聚焦在追逐財富，有時聚焦在生產上；但其中的惡並未改變。庸俗的說教家抱怨人類都受自身利益所驅使；但願這是真的！利益是一種行動的原則，這種行動是自私的，但卻是有限而合理的，不會產生不受限制的惡。相反地，除了原始社會之外，支配社會存在的一切活動，其法則是每個人都以人命為祭（不論是自己或他人的生命），獻給那些只能作為更好生活之手段的事物。這種獻祭披著不同的形式，但全都歸結於權力的問題。權力，按照定義，只不過是種手段；或者，更清楚地說，擁有一項權力，就僅僅相當於擁有某種行動的方法，能夠超越一個獨立的個人所擁有的十分有限的力量。然而對於權力的追求，正因為根本無能掌握對象，因此便排除了一切對目的的考慮，於是，在某種無可避免的翻轉下，取代了所有的目的。正是這個手段與目的之關係的翻轉，這個根本的瘋狂，導致了歷史中所有的瘋狂和血腥。人類的歷史只是屈從奴役的歷史，讓人類，不論是壓迫者或被壓迫者，都成為了他們自己製作的統治工具的簡單玩物，將活人生吞下肚，化為惰性物體。

13 校註：出自羅莎・盧森堡的《資本的累積》（*Die Akkumulation des Kapitals: Ein Beitrag zur ökonomischen Erklärung des Imperialismus*, 1913）。

14 校註：*Chanson des gestes*，法語文學最早出現的長篇史詩，目前已知最早的可追溯到十一世紀。

15 校註：西蒙・韋伊對於《伊里亞德》非常看重，她為此寫過著名的〈《伊里亞德》，或關於強力的詩篇〉（L'Iliade ou le poème de la force）；值得注意的是，篇名中的強力（la force），是貫穿韋伊思想的關鍵概念。

因此，為這令人暈眩的權力競逐賦予某種限度與規則的，不是人，而是物。人類的慾望沒有能力規範這種競逐。主人大可夢想著要節制，但是他們不被允許實踐這項美德，不然他們就會失敗，就算程度極度輕微；同樣地，在像是馬可．奧勒留這樣近乎神蹟的例外之外，主人們仍將很快就變得對於持有節制難以想像。至於受壓迫者，他們永無止盡的反叛，即使只在某些時刻閃耀光輝，卻總是熱烈地沸騰著，其影響可能會加重，也可能會限制惡；特別是，這些反叛整體而言包含了某種惡化的要素，因為它迫使主人們不得不將他們的權力更重地壓下，因為害怕失去權力。受壓迫者時不時能成功驅逐一批壓迫者，代之以另一批壓迫者，有時甚至能改變壓迫的形式；但說到壓迫本身的消除，要做到這點，就得消除其根源、廢除所有壟斷，包括所有操控自然、武器、貨幣，與協調勞動的魔法或科技的祕密。只有當受壓迫者充分認知到要終止這一切，他們才能成功。然而這注定會讓自己被未曾進行同樣轉化的社會組織所奴役；就算有神蹟排除了這個危險，仍然是注定敗亡，因為一旦我們忘記了原始的生產過程，轉化了相應的自然環境，我們就無法找回與自然的直接接觸。因此，儘管有各種想要終結瘋狂和壓迫的朦朧願望，權力的集中及其暴虐特質的惡化仍不會有任何限度，如果我們不能幸運地在事物的本性中找到這些限度。重要的是要立即決定什麼能作為這些界限；為此必須保持這樣的精神，即如果壓迫是一種社會生活的必然，這必然中沒有任何神意。壓迫之所以能夠終止，並不是因為這種必然性變得對生產有害；托洛斯基天真地祈求作為歷史要素的「生產力的反叛[16]」，只是一個純粹的虛構。我們同樣會搞錯的是，假設一旦生產力得到足夠的發展，足以保障一切生存所需與娛樂，壓迫就不再是不可避免的。亞里斯多德假定，如果我們能夠確保必要的工作都由「機械奴隸」進行，那消除奴隸就不會再有任何障礙；馬克思在試圖預測人類的未來時，不過是重拾並發展了這個概念。如果驅使人類的是對幸福的考量，這可能會是正確的；但從《伊里亞德》直到我們的時代，權力爭鬥的瘋狂需求，甚至將冥思幸福的閒暇都剝奪了。只要社會結構繼續導致手段與目的的顛倒，換句話說，只要勞動與戰鬥的方法讓某些人有權力自由決定如何對待大眾，人類勞力的生產率的提升，就依然無法減輕勞力的重負。因為，在與自然的鬥爭中變得無用的疲倦和貧困，會被吸收到由保衛和爭取特權的人之間所引發的戰爭當中。一旦社會分化成下令的人和執行的人，所有的社會生活就會被權力鬥爭所支配，而生存鬥爭只會是其中的一個要素；確切地說，是權力鬥爭中不可或缺的首要要素。馬克思主義的觀點認為，社會存在（l'existence sociale）是由人與自然的關係所決定，這關係由生產所

16 校註：見托洛斯基，《世界大戰與共產國際》（*The War and the International*, 1914）。

確立，而這仍然是所有的歷史研究唯一的堅實基礎；問題僅在於，首先應該根據權力問題來考慮這些關係，生存手段只是這個問題中的一項資料。這個順序看似荒謬，但它只是反映了社會生活核心的根本荒謬。因此，對於歷史的科學研究，將是對於權力組織與生產過程之間持續產生的行動與反應的研究；因為，如果權力取決於生活的物質條件，那它就會不斷轉化這些條件本身。目前，這樣的一份研究遠遠超出了我們的可能性；但是，在開始談論事實無窮的複雜性之前，構想一份行動與反應之規則的抽象綱要是合適的，就像是天文學家為了辨識星辰的運行和位置，必須發明一顆想像中的天球一樣。

首先，必須要試著擬定一份各種絕對需求的清單，以此為各種權力劃定界線[17]。首先，不論什麼權力，都有賴於工具，而工具在每一個情況中都有一既定的有效範圍。因此，對於使用弓箭、長矛和劍的士兵，和對於使用飛機或燃燒彈的士兵，我們不會用同樣的方式指揮他們；黃金的力量，取決於它在經濟生活中透過交換所扮演的角色；科技祕密的力量，則可透過科技可完成之事，和缺乏科技就無法完成之事，兩者之間的差異來衡量，以此類推。說真的，在這個需求的清單裡，我們永遠必須放入考慮的，是某些詭計，權勢者可以透過勸服，取得無法強奪的事物，譬如將被壓迫者置於下述狀態：讓他們在執行他人的要求時，得到或相信自己能得到直接的利益，或者鼓動他們相信某種幻想，好讓他們願意犧牲自己的一切。再者，既然一個人所實際操作的權力，只能擴展到實際上臣服於其控制的人，那權力就總是會撞上控制功能的邊界本身，而這邊界又十分狹窄。因為，沒有任何人的心靈能夠同時處理大量的想法；沒有人能同時身處許多個地方；而對於主人和奴隸而言，一天都只有二十四小時。表面上，合作似乎是這項麻煩的解藥，但既然合作從來不能完全免於競爭，結果就導致無盡的複雜。檢驗、比較、評斷、決定、結合等功能，基本上都是屬於個人的，而同理，權力也是個人的，因為權力的行使無法離開這些功能；集體的權力是一種幻象，至少在根本上是如此。至於單獨一個人能夠掌控的事物的量，在很大的程度上有賴於一些個人的因素，例如智力的高低和敏捷度、工作能力、個性是否堅強；但這也取決於控制的客觀情況、多少算得上快速的運輸或通訊，複雜程度不一的權力齒輪。說到底，不論什麼權力的施行，條件都是生存必需品的過量生產，這過量必須相當可觀，好讓所有參與權力鬥爭的人，不論是一定數量的主人，還是一定數量的奴隸，都得以生存。顯然，對於這過量生產的衡量，端看生產模式為何，再來就看社會組織。如此一來，就有三個因素可供我們設想政治和社會權力，三者無時無刻都構成某種類似於可度量之強力的事物。然而，為了完成這張表單，

17 校註：可對照西蒙・韋伊的《扎根：人類責任宣言緒論》。

必須考慮到的是，彼此相關的人，不論名義上是主人或奴隸，在這個權力的現象下，對於這個類比是無意識的。掌權者們不論是神父、軍隊指揮、國王或資本家，都永遠相信自己下達命令時依據的是神授的權利（droit divin）；而那些服從他們的人，則感到被某種看似天神或惡魔般的，總之是超自然的力量給碾成粉碎。整個壓迫人的社會被這個崇拜力量的宗教所鞏固，這個宗教讓掌權者在其力量所到之處發號施令，扭曲了所有的社會關係；和民眾騷動的時刻不同，在這樣的時刻正好相反，反抗的奴隸和受威脅的主人，都忘了壓迫的鎖鏈是如何沉重與堅固。

因此，對歷史的科學研究，應該從在客觀的既定限制條件下，權力在每一刻所激發的反應開始；而考慮到我們目前的可能性，要進行這樣的分析，必不可少的是對這些反應方式的假設性簡述，但這卻困難得多。這些反應有的是有意識而且刻意的。所有權力的行使都是有意識的，在其手段的範圍內，這範圍由社會組織所決定，並在其自身的領域之內改善生產和控制。從法老王直到我們的年代，歷史提供了許多例子，而開明專制的概念正是建立在這些例子上。相反地，一切權力也會、並且總是有意識地力圖摧毀對手的生產與行政方式，而他們的對手也會嘗試達到類似的目的。因此，權力鬥爭同時具有建設性和破壞性，會導致經濟的進步或是衰退，就看它帶來的是建設還是破壞；而清楚的是，在一個既定的文明裡，破壞發生的範圍越大，一項權力就越難在擴張時不去撞上力量相當的權力對手。但是，權力施行的間接後果，比掌權者有意識的努力重要得多。所有的權力，單是其施行本身，就會將它所倚靠的社會關係擴張到可能的極限；於是，軍事權力讓戰爭倍增，資本市場讓交易倍增。然而，有些時候，因著某種天賜的巧合，這個擴張不論透過什麼機制，讓新的能源突然出現，使得新的擴張成為可能，幾乎就像是食物讓活著的身體成長完全，並使之得以取得更多的食物，好得到更多的能量。所有的體制都為這種天賜的巧合提供了範本，因為若是沒有這種天賜的巧合，沒有任何權力形式能夠持續下去，因此，只有某些能從中獲利的權力才能存續。因此，戰爭讓羅馬人強奪奴隸，也就是除了撫養孩子的人力之外，年輕力壯的勞動者；奴隸的勞動帶來的利益讓他們得以強化軍隊，而更強的軍隊可以執行更大的戰爭，相應的成果就是更新和更可觀的奴隸。同樣地，羅馬人建的道路，目的在於讓軍隊更容易管理與剝削各個省分，結果便是為新戰爭提供資源所需。如果我們把目光轉向現代，我們會看見交易的擴張激發了更多的分工，而這回過頭來必然帶來更大的商品交流；而生產效率的提高，會讓新的資源得以轉化成商業與工業資本。至於大工業，很清楚的是，機械每一次重大的進步，都為新的進步同時創造了資源、設備和某種刺激。同樣地，大型工業科技本身，為大工業注定產生的集中化經濟，提供了控制方法和必要的資訊，例如電報、電話和日報。在運輸工具方面亦然。在歷史中，我們能在社會生活中最大和最小的方面，找到非

這個點，它就會撞上一堵無法穿透的牆。然而，對權力而言，停止並非愉快的事；對抗關係的刺激會迫使它更進一步，永遠要更進一步，亦即超越限制，而只有在這個限制內，它才能有效地行使。它擴張到它能控制的範圍之外；它下命令到它所能號令的範圍之外；它所花費的超出了自身的資源。這些就是所有壓迫體制所內含的內在矛盾，就像是一顆死亡種子；它建立在以下兩者間的對立：權力的物質基礎必然有限的特性，與作為人際關係的權力競逐必然無限的特性。

因為，當某個權力超越了事物的本質施加於它的限制後，它就縮小了自身奠基的基礎，這會讓這個限制越收越窄。因為，一旦擴張到自身所能控制的範圍之外，權力便產生出寄生、浪費、無序，而這些狀況一旦出現，就會自動增長。因為試圖指揮自身無能約束之處，權力便激發了它無從預料也無法支配的反應。最後，因為試圖將對受壓迫者的壓榨，擴張到客觀資源所能容許的範圍之外，權力便耗盡了自身的資源；這無疑就是古老的雞與金蛋的流行寓言的意義。不論剝削者奪得的利益得自於哪些來源，這個剝削的進程一旦開始，隨著它的擴張，總會有這麼一刻，生產力越高，剝削反而變得越來越昂貴。羅馬軍隊正是如此，它一開始增加了羅馬的財富，後來卻讓羅馬破產；中世紀的騎士也是如此，一開始，戰鬥能給農民相對的安全感，因為面對著強盜，農民多少感到欠缺保護，但在連綿不絕的戰爭當中，騎士們最終卻將餵養他們的農村破壞殆盡；資本主義似乎也穿過了類似的階段。再次強調，我們無法證明事情必定總是如此，但我們必須承認，或至少假定資源取之不竭的可能性。因此，是事情的本質，讓希臘人以涅墨西斯（Némésis）之名崇拜報應女神，而祂懲罰的正是缺乏分寸。

當一個既定的統治形式在突飛猛進後停滯並淪入沒落，必然將開始慢慢消失；但有時它反而會變成最嚴酷的壓迫，以其重量碾碎所有人，無情地搗毀肉體、心靈和精神。只是，既然所有人都開始漸漸失去為了打敗他人或是生存所需的資源，那總會有這樣的時刻，人們會從方方面面熱切地尋求應急的辦法。而沒有理由可說這不會是徒勞無功的追尋；在這樣的情況下，這個體制只會因為缺乏存續所需的資源，而在沉淪中結束並讓位，但不是讓位給一個組織更好的體制，而是讓位給了無秩序、苦難與原始的生活，直到某個新的肇因出現，讓新的力量關係得以浮現。如果事情不是這樣，如果對於新資源的尋求有所成效，新的社會生活形式將會浮現，而體制的變革也將緩慢而隱密地、宛如在地下般醞釀。宛如地下般隱密，因為這些新形式的發展，只能達到與建制秩序相容的程度，並且（至少在表面上）對於既有權力不構成任何威脅；否則，只要既有權力還是最強者，沒有什麼能阻擋它殲滅這些新的形式。新的社會形式要壓過舊的，先決條件是其持續性的發展必須引領這個新形式，使其在社會組織的運作中實際扮演更重要的角色，也就是說，它們激發的力量，會比官方所掌握的力量更為優越。如此一來，發展的持續性就永遠不會遭遇真正的斷裂，就算體制的轉化似乎是一場血腥抗爭的結果；因為，勝利的結果，只會認可在抗爭前便已是集體生活之決定性因素的力量，以及早就開始逐步取代舊形式的各種社會形式，而舊形式正是衰頹中的體制的基礎。正是因此，在羅馬帝國，野蠻人擔任的職位越來越重要，軍隊逐漸解體成投機者帶領的小集團，佃農體制逐漸被奴隸制度中的農奴所取代，這些全都在大入侵之前許久便已發生了。同樣地，法國的資產階級並不是等到一七八九年才開始壓倒貴族階級。確實，由於各種情勢上獨特的巧合，俄國革命像是產生出一些全新的東西；但事實是，這場革命所取消的特權，早已沒有傳統之外的任何社會基礎；而在起義中所冒出來的機構，可能無法有效運作超過一個早晨；而真正的強力，也就是大工業、警察、軍隊、官僚體系等，不但絲毫沒被革命給消滅，反而因為革命，而變成某種其他國家聞所未聞的權勢。總的來說，我們通常所理解的革命，也就是力量關係突然翻轉的現象，非但在歷史中不為人所知，如果我們仔細端詳，這甚至是某種確切來說不可思議的事，因為這是軟弱對強力的勝利，相當於天平上較輕的那端沉了下去。我們在歷史中所見的是體制緩慢的轉變，在其中，我們用來為革命施洗的血腥事件，只扮演相當次要的角色，甚至沒有也沒關係；舉例而言，一個社會階層原本以舊的力量關係的名義施行統治，卻能做到借助於新的力量關係，保留了自己一部分權力，英國的歷史就是一個例子。然而，無論社會轉型所採取的

應；勞動完成於對自然的掌握，以及為滿足需求而管理自然。人類已經不再相信自己面對的是任性的神靈，必須爭取其恩賜；他知道自己該支配的只有惰性物質，並按照清楚可知的法則，有條不紊地執行這項任務。最後，我們似乎來到了笛卡兒所預言的時代，人類就像工匠一般，使用「火、水、空氣、星體、所有其他物質的力量和反應[18]」，讓自己成為自然的主人。然而，一旦我們下降到個人的層次，因著某種奇特的反轉，這個集體的統治便會轉為奴役，而且是種相當接近於原始生活中的那種奴役狀態，某種粗暴而無情的束縛牢牢地綁住他，迫使他付出現代勞動者的努力，如同飢餓牢牢綁住原始社會的獵人一樣；從原始的狩獵者到我們的大工廠的工人，中間有過受鞭笞驅策的埃及工人、古希臘羅馬時期的奴隸、持續受到領主的刀劍威脅的中世紀農奴，在這期間，人類從未停止被迫工作，外力迫使他工作，若不服從幾乎就會立即死亡。至於工作中不同行動的連接，也經常是由外在強加到工人身上，與原始人所遭受的毫無差別，對前者和後者而言一樣神祕；甚者，在某些情況下，如今這個領域中的束縛之粗暴，程度是無可比擬的，前所未有；如果一個原始人能從慣例和盲目摸索中解放出來，那他至少還能夠試

18 校註：根據全集版，此引文出自笛卡兒，〈第六部〉，《談談方法》。

著對他的風險與危難加以反思、組合和改革，而這正是生產鏈上的勞工被徹底剝奪的自由。最終，如果人類能夠支配自然的力量，也就是史賓諾莎所說的「無限地超越了人類的力量[19]」，像騎士支配他的馬一般雄踞其上，這個勝利也不屬於個別的人類；只有最大的群體，才得以操縱「水、火、空氣……和所有我們周身其他物體的力量和作用」；至於這些群體的成員，不論是壓迫者還是被壓迫者，同樣都臣服在權力鬥爭的無情的要求下。

因此，人類儘管進步了，卻沒有走出奴隸的狀態，他依然軟弱而赤裸地降服於組成宇宙的各種盲目力量底下；只是支撐他不屈膝下跪的力量，已經由惰性物質，轉成為他和同類所創造的社會。同樣也是這個社會，將各種宗教情感的形式，強加到他的宗教之上，自此之後，社會問題的形式便十分清楚了；我們必須查驗這個移轉的機制，探究人類為何必須為他們加諸自然的力量，付出這樣的代價；想像什麼是對於他而言是最小的不幸，亦即如何能在社會和自然的雙重統治下，受到最少的奴役；最後則是意識到哪條路能夠接近這樣的狀態，以及什麼樣的工具能夠為今日的人類提供當前的文明，如果他們渴望能朝這個方向轉變他們的生活。

我們太輕易地接受物質的進步，把它當成上天的禮物，像是某種不證自明的事物；我們必須正視達成這些所付出的代價。原始的生活不難理解；人類會被飢餓給扎痛，或至少被即將受餓的想法所糾纏，於是他就出發去尋找食物；他在寒冷的支配下顫抖，或至少被即將受凍的想法所支配，於是他尋找某些能夠創造或是保存熱能的東西，以此類推。至於該如何達成這些目標，首先為他提供方法的是習慣，從孩童時代開始養成，並透過模仿先人習得，同時還有他自己養成的習慣，得自於多次的摸索並重複成功的過程；當他失敗時，會有一根不讓他休息、強迫他行動的刺，讓他繼續嘗試。對於這一切，人類只能順服於自身的本性，而非予以克服。

相反地，一旦我們進到文明更進步的階段，一切都變得宛如奇蹟。我們看到人類將可消費的、可欲的物品放在一旁，但同時又縮衣節食。我們也看到人們在很大的程度上放棄了找尋食物、熱能和其他東西，而將他們最大的力氣花費在表面上看起來沒有生產力的工作上。事實上，這些工作，大部分而言，不僅遠遠不是無生產力的，而且比起原始人耗費的努力更加千萬倍有生產力，因為這事實上是以對人類生活有利的方式安排外在的自然；然而，這樣的效果是間接的，並且經常被許多精神難以穿透的中介，隔離於努力之外。這得耗費漫長的時程，經常長到只有下一個世代的人才能享受到好處；相反

19 校註：根據全集版，此引文出自史賓諾莎，《倫理學》，〈卷六〉，〈命題十五〉。

地，與這些工作直接相關的衰弱的疲憊、苦痛和危險，人們卻會立即且持續地有所感受。然而，每個人從自身的經驗都可清楚知道，某個遠在天邊的抽象效益的概念，壓過了當下的痛苦、需求與慾望，這樣的情況是多麼的罕見。但這概念卻必須被引入社會存在當中，不然我們就得回到原始生活。

但更神奇的是這些工作的協作。所有水平稍微得到一點提升的生產活動，都預設協作已經多少得到了一點擴張；協作可界定為此一事實，即每個人的努力，只有透過彼此間的關係，以及與所有其他人的努力準確地相互對應，彷彿所有的努力構成了一個單一的集體勞動，才會有意義與效果。換句話說，多人的行動應該以一人結合其行動的方式結合起來。但這如何可能？唯獨經過思考，才能進行某種結合；不然，一組關係就只能在精神中形成。一個人思緒中的數字二，無法加到另一個人思緒中的數字二，並形成數字四；同樣地，「某個協作者所完成的部分工作」這個概念，無法與「為了完成嚴密一致的工作，其他每個人都完成相應的工作」的概念相結合。許多人的精神絲毫不能統合在一個集體精神之下，而我們這個時代經常使用的集體靈魂、集體思想等等的詞彙，完全沒有意義。由此，要讓許多人的努力相互結合，就必須將它們全都導向一個獨一且相同的精神，如同《浮士德》中著名的詩句：「一個精神足以指使一千條臂膀[20]」。

在原始部落平等主義的組織中，什麼都不足以解決這些問題中的任一個，無法解決窮苦，也無法激發努力，更無法在工作上合作；相反地，社會壓迫提供了一個立即的解決方案，簡言之，就是為人們創造出兩種類別，也就是下令的人與服從的人。領導者毫不費力地協調服從命令者的勞力；要將他們縮減到最低限度的生活，這對下令者而言不是什麼必須克服的誘惑；而說到刺激勞力，一個壓迫性的組織正好適於驅使人們超越自己力量的極限，一方受到野心的鞭笞，另一方，根據荷馬的話語，則「在嚴苛的生活所需的重壓之下」。

這樣產生的結果通常都十分出色，因為這兩個社會類別的區分，已經深刻到足以讓決定工作的人，永遠不會感知或甚至認識到筋疲力竭的勞苦，或是疼痛和危險，然而負責執行並且受苦的人卻沒有選擇，只能永久承受多少經過掩飾的死亡威脅。同樣地，人類為了在某種程度上躲避盲目的自然的任意作為，讓自己降服於權力鬥爭的任意作為，其盲目程度不下於自然。自從人類開始擁有足夠進步的技術（這正是我們的狀況），掌握了自然的力量後，這點從未如此真實；因為為了要做到這點，執行協作的範圍就會變得非常廣大，以至於領導者發現自己手頭必須處理的事情，遠遠超出他們的控制能力範

20 校註：根據全集版，此引文出自歌德，《浮士德》（下），〈第五幕：子夜〉。

圍之外。這讓人類感到自己像是自然力量的玩物，新的形式是遠高於人類的原始階段的科技進步，我們過去、現在與未來所做的，都是苦味的實驗。至於那些試圖在動搖壓迫時保存科技的嘗試，很快就激起了嚴重的懶惰和失序，使得致力於此的人，最常感到不得不幾乎要馬上將頭縮回枷鎖之中；這實驗已經做過了，小規模的是生產合作社，大規模的則如俄國革命。彷彿人類生來就是奴隸，而奴役正是專屬人類的處境。

自由社會的理論藍圖

然而，世界上沒有什麼能不讓人類感到自己生而自由。不管發生什麼，他從來都不能接受奴役；因為他會思考。他從未停止夢想某種無限的自由，譬如過去得以避免某種懲罰的幸運，或者透過與神祕天意達成某種協議，讓他擁有未來的幸運。馬克思所想像的共產主義，是這種夢的最新形式。這種夢向來是徒然的，就像所有的夢一樣，或者，如果這個夢能給人什麼安慰，那也只不過是種鴉片；該是拒絕夢想（rêver）自由，並決定構想（concevoir）自由的時候了。

我們必須努力清楚想像的是完美的自由，並非希望達到這種自由，而是希望達到一種雖不那麼完美但不同於我們當前情況的自由；因為能想及完美的事物，才能設想較好的事物。有了理想，我們才能朝向理想前進。理想也像夢想一樣難以實現，但是，和夢想不同的是，它與現實有所關聯；透過限制，它讓我們能按照最低到最高的價值秩序，來安排真實或可處理的狀況。我們不能將完美的自由僅僅設想為持續壓迫我們的必然性的消失；人只要活著，亦即只要他還是這個無情宇宙中最細小的碎片，必然性的壓力永遠不會有一刻減輕。除非是在虛構中，不然，令人愉悅的、擁有大量快樂和極少疲累的狀態，在我們的世界中並不存在。確實，根據氣候或是時代，自然對人的需求有時較為寬厚，有時較為嚴厲；但是，期待某種神奇的發明，讓它從此在各處對所有人都更寬厚，這差不多就像是舊日人們將希望寄託在千禧年中一樣合理。此外，如果我們仔細檢視這個虛構，它看來甚至不值得惋惜。只要考慮到人類的弱點就能夠了解，如果工作的概念本身都近乎消失，生活將會淪於激情或甚至是瘋狂；沒有任何一種自我控制不需要紀律，而對人類而言，除了外在障礙所要求的努力，沒有其他的紀律來源。一群閒人可以為了消遣，給彼此提供障礙，進行科學、遊戲、藝術等活動；但人類受某個幻想驅使而做的努力，無法成為人類控制幻想的方法。是那些我們與之衝撞並且需要超越的障礙，給了我們戰勝自我的機會。就連那些表面上最為自由的活動，科學、藝術、運動，也只有在仿效專屬於勞動的準確性、精密性、嚴謹性，甚至予以放大時才有價值。如果沒有耕地者、鍛鐵工、航海者提供模範，按照正確的（comme il faut）——為了使用這

束縛；但既然他會思考，他就可以做出選擇，看是要盲目地讓步於外在的刺激，或是遵循自己內在形塑的勸戒；奴役與自由間的對立正在於此。此外，此一對立的兩端，只是理想中的界限，人類的生命只能在兩個極限之間移動，卻無法觸及兩端，不然便會失去生命。如果一個人的所有舉動，都出自自己的思想之外的來源，例如肉體的非理性反應或是他人的想法，一個人就是完全的奴隸；受餓的原始人，他每一次奔跑跳躍，都受到擰攪臟腑的痙攣所刺激，手握鞭子的監工的命令，持續讓羅馬的奴隸們感到緊張，生產線上的現代工人，則十分接近這種悲慘的狀態。至於完全的自由，我們可以在一個解答完美的數學或幾何學問題中找到抽象的模型；因為，當一個問題所有的解答元素都已得出，而人們只剩自己的判斷可以求助時，解答就只在這些因素之間建立的關係裡。數學上的努力和勝利並不超越紙頁的框架，那是符號與圖表的王國；一個完全自由的生命，應該是所有現實的困難都表現為各類問題，而所有的勝利都表現為解決辦法的施行。所有成功的要素都應該是給定的，亦即如同數學家的記號一樣是已知且可操作的，我們只要連結這些要素，便能得到想要的解答，因為有條理的指導，會將思考銘刻在有效的行動中（而非鵝毛筆的痕跡上），並將在世界上留下印記。更清楚地說，任何工作的完成，都得靠各種有意識與有條理的努力的結合，像是在反思中結合數字來操作某種解法一樣。這樣人們才能持續將命運掌握在手中；他在任何時刻，都藉由思想的行動，來鍛造自身存在的處境。確實，單純的慾望無法將他帶往任何地方；他不能平白得到任何東西；即使是有效的努力的機會，對他而言都是極為有限的。然而，為了勝過這個不行動便什麼也無法得到的事實，人的全副思想與身體的力量，都會讓他得以永遠擺脫激情的盲目支配。只有對於計畫之完成及其困難，亦即兩者是否可能，以及是否容易之區分有清楚的認識，才能清除永不饜足的慾望與徒勞的恐懼，節制與勇氣正是由此而來，而非別處，沒有這些美德，生命便只剩可恥的狂熱。另外，所有美德都源於某種交會，這種交會以一種毫不縱容但也絕不奸詐的方式，讓人類思考與某個問題迎面相逢。我們無法想像，對人類而言，有什麼命運，比直接反抗赤裸的必然性更為偉大，這時他除了自己以外，沒有什麼能夠期待，而他的生命將是他自己對自己的持續創造。人是一種有限的存在者，對他而言，自己的存在並不像神學家的神一樣，是自身存在的直接作者；但是如果讓他得以存在的物質條件，只是他的思考引領他的肌肉所做出的努力的產物，人類將會擁有對應於神的權能的、屬人的事物。這就是真正的自由。

這種自由不過是種理想，並不存在於現實的處境中，就像用蠟筆畫不出完美的直線一樣。但這個理想有助於我們設想自己是否能意識到：是什麼讓我們與這個理想疏離，以及哪些情境會使我們遠離或接近它。首先出現的困難，是這個我們與之相關的世界的複雜性和廣度，而這複雜性和廣度都無限地超出了我們精神能力所及。真實生活的困難，不是那些符合我們能力的問題；真正的困難就像是資料不可勝數的問題，因為就其延展性和可分割性而言，問題是加倍的難以限定，同樣地，對於人類精神而言，即便表面上看來最簡單的行動，也不可能考慮其成功所依賴的所有因素；不論什麼情況，都為無數的偶然留下了空間，而各式各樣的事情從我們的思考中溜走，就像是我們想要捧在指間的水。一旦思想似乎只能在無用的符號結合中進行，行動就萎縮為最盲目的摸索。但事實上並非如此。確實，我們的行動永遠不會有確定性；但這一點也不重要，只要我們能夠相信這個行動。我們可以輕易接受自己行動的結果有賴於無法控制的偶然；我們所應不計代價地從偶然中擺脫的，是我們的行動本身，方式則是讓行動臣服於思考的引領。要做到這點，只需要人類能夠設想一連串的中介，去聯合那些能夠得到他想要的結果的行動；而他通常能夠做到這點，這是因為在宇宙盲目的漩渦中，人類組織持續存在的相對穩定性，而也只有這個相對穩定性，讓這個組織得以繼續存在。確實，這一串中介永遠都只會是一種抽象的方案；到了執行的時候，每一刻都可能會發生意外，即使是最好的計畫也會因而挫敗；但是，如果智慧已經能擬定該執行的行動的抽象計畫，這就意味著它已經做到——肯定不是消除偶然性，而是替計畫製造一個有限的、有邊界的部分，並對計畫加以審視，將所有可能發生的、數量不定的意外，按照其與計畫的關係，分成某些清楚限定的系列。

因此，在風與水在大海上所形成的無數漩渦中，精神沒法認知自我；但是，如果我們在這些漩渦中放上一艘小船，以這樣或那樣的方式安排小船的風帆與舵，我們就可以列出一張讓它得以前進的行動清單。所有的工具都是如此，它們作為限定偶然性的工具，或多或少都是完美的。人類得以藉此消除偶然性，如果不是消除他周遭的偶然性，至少也能消除自身當中的偶然性；但就連這都是難以企及的理想。這世界富於各式各樣的處境，其複雜性完全超出我們能力所及，因此在我們的工作中，直覺、常規、摸索、即興永遠不會停止扮演某種角色；人類只能依靠科學和技術的進步，漸漸地縮減這個角色。重要的是，這個角色必須從屬於建構勞動之靈魂本身的方法，並且永遠不對這個方法產生妨礙。它還必須看來像是暫時的，而常規和嘗試也永遠不應被認為是行動的原則，而應視為權宜之計，目的在於填補有系統的思考中的空隙；這正是科學假設能夠大力幫助我們的地方，亦即將我們一知半解的現象，設想為和我們最清楚了解的現象一樣，受到類似的法則所支配。而就算是我們一無所知之事，我們仍然能夠假設它適用於類似的法則；因為不再無知，就足以削減神祕感，而讓我們得以理解到，生活在這個世界中，我們所能期待的奇蹟只有自己。

但同時，有一種神祕的來源是我們無法消除的，而那不是別的，正是我們自己的肉身。極端複雜的生命現象或許能夠逐步釐清，或至少釐清到一定的程度；但是，總有某種無法穿透的陰影，包覆著連結我們思想與行動的直接關係。在這個領域中，我們無法設想任何必然性，因為我們無法斷定中介的鏈結；此外，人類思想所形塑的那種必然性概念，確切而言，只適用於物質。如果沒有可清楚設想的必然性，我們在相關現象中，甚至連大略的規律性都無法找到。有時，對於思想而言，活生生的身體反應是完全陌生的；有時，但很少見的是，身體的反應只是單純地執行規則；更常見的是，身體的反應在沒有靈魂參與的情況下，完成了靈魂的渴望；同樣常見的是，身體的反應伴隨著靈魂所形塑的願望，卻不對應於任何方法；還有一些情況，是身體先於思考而反應。我們不可能做出任何分類。這就是為什麼，儘管在對抗自然的鬥爭中，活生生的身體行動扮演了首要角色，但必然性的概念本身卻依舊難以形塑；在成功時，自然像是會立即順服或討好慾望；而在失敗的時候，卻會排拒慾望。在那些使用或不使用工具便完成的行動中便是如此，因為工具已經如此配合人體，以至於它們所做的，絲毫不多於延伸自然的行動。我們可以如此理解：原始人儘管擁有為了完成一切生存所需的極度靈巧，但在魔力而非勞力的層面上，他們卻代表了人類與世界的關係。在他們和必然性的網絡之間（後者構成了自然，並界定存在的真實條件），就有各種神祕的反覆無常，像屏障一般介入其間，他們所相信自己只能任憑這些反覆無常所擺布；而儘管在他們所建立的社會中，壓迫如此之少，但從那些想像的反覆無常的角度來看，他們依然是奴隸，此外，神父和

外地服從於有系統的思考，自由的新障礙還是會立刻浮現，因理論思辨和行動的本質有深刻的差異。實際上，在解決問題和徹底系統性地執行工作之間，在概念的串聯與行動的串聯之間，沒有任何相似之處。要在理論層面上試圖解決此一困難，就得從簡單到複雜、從明晰到陰暗去進行；勞動者的運動，並沒有誰比誰更簡單或更清晰，有的僅只是先行者會是後到者的條件。另外，思想最常將那些執行應該分開的聚集起來，或者將執行應該統合的給分開。這就是為什麼，不論什麼樣的工作，當它對思考提出無法即刻解決的困難時，就不可能將檢視困難和執行工作合而為一；精神必須首先以自己的方式，解決理論上的困難，接著才能將解決方法應用在行動上。在這樣的情況下，我們才能夠說的行動確實是有系統的；它遵循方法，這便是很大的不同。這不同之處至關重要，因為應用方法的人不需要在施行的時候構思方法。甚者，如果執行的是一件複雜的事，如果要他自己擬定方法，他也做不到；因為，關注永遠只能聚焦在執行的當下，幾乎不能同時處理一連串的關係，而執行都完全有賴這一連串的關係。因此，人所執行的不是某種思考，而是某種指出系列行動的抽象綱領，而在這樣的綱領執行時，精神所能穿透的程度，和一個源於簡單常規和奇妙習俗的藥方一樣。此外，同樣一個概念，不論細節是否有所修改，都可被無限次地應用；因為，儘管思考一次便能囊括某種方法一系列可能的應用，人類並未因此免於在必要時每次都一樣一樣地施行。於是，一道思想的靈光，

會計師同樣不是別的，只是一個不完美又可憐的計算機。數學的進步只在於運用符號，擴充它們的代表意義，創造符號的符號；同樣地，代數中常用的字母代表了某一個量，或甚至是某個虛擬的運算，譬如負值；其他的字母代表了代數功能，諸如此類。在每一個步驟中——如果我們能如此表述——我們不可避免會忘記符號及其所指涉之間的關聯，儘管符號的結合永遠有其嚴格的系統，但還是很快會變得難以被思考穿透。令人滿意的代數機器並不存在，儘管在這方面有許多嘗試；但是在多數的情況下，代數計算的自動化程度，並不比會計師來得低。或者不如說，就代數計算之自動化而言，在某個層面上，代數計算在本質上更為自動化。我們在做了除法之後，總是可以持續地加以思考，將符號的意義還給符號，直到我們了解每一部分運算的原因；但是，對於代數而言並不是這樣，在代數中，符號彼此之間被操作和結合的方式，最終顯示出某種效力，是它們的指涉所無法解釋的。譬如符號 e 和 i；我們適當地操作這兩個符號，便可奇妙地排除所有類型的困難，特別是如果我們將這兩個符號以某種方式和 π 結合，我們就能肯定圓不可能變成方；然而世上沒有任何一顆腦袋，能設想出這些字母所代表的量（如果我們能如此命名）與化圓為方的問題能有什麼關係。演算在紙上建立了這些符號的關係，無須所指的對象在精神上有什麼相關；結果是符號的意義這個問題本身不再具有任何意義。我們由此發現自己以某種神奇的力量解決了問題，無須在精神上連結已知數與

能在持續翻新的特殊狀況下聰明地應用這些觀念。這種敏捷的當機立斷的能力，其條件自然在於習慣和技能所生產出的肢體流暢性，要達到某種極高的程度。同樣地，工作中使用的所有概念都必須夠清楚，才能在一轉眼間被完全喚起；記憶是否能保存概念本身，還是只保存了會掩蔽概念的公式，取決於智力的靈活度，但更取決於概念在心靈中形成的途徑，這途徑多少可算是直接的。此外，無庸贅言，要解決的困難的複雜程度，永遠不應太高，以避免在行動與思想之間造成斷裂。當然，這樣的理想永遠無法徹底實現；在現實生活中，我們難免得完成一些在完成時完全不可能理解的行動，我們必須倚賴既成的規範或是直覺、倚賴摸索或是慣例。不過，我們至少能夠緩慢地擴大清醒工作的範圍，而這可能會永無止境。要達到這個目標，只需要人類不再將焦點放在無限地擴展知識和權力，而是在研究與工作中，建立某種精神及其所關注對象之間的平衡。

不過，還有另一個奴役的要素存在；就是對每個人而言的他人的存在。甚至，若仔細地審視，準確地說，這是奴役的唯一要素；只有人類能奴役人類。若說自然中並不住著其他類似人類的想像生物，而其意志又任人詮釋，原始民族甚至不是自然的奴隸。在這個例子裡，就像其他所有例子一樣，外在世界才是力量的來源；然而，在自然的無窮力量背後，如果沒有（無論是虛構或現實的）神聖或人性的意志，那自然就會摧毀而非羞辱人類。物質能違背我們的預期並且破壞努力，它只會處於惰性狀態，可從外部予以設想和操作；但我們永遠無法從外部穿透或是操控人類的思想。只要一個人的命運有賴於其他人類，他自己的生命就不在他的手中，也不再是他的智力所能掌握的；判斷力和決心也沒有著力之處；需要的不是籌謀和行動，而是放下身段去哀求或是威脅；而靈魂就此墜入慾望和恐懼的深淵，因為，一個人能接受來自他人的滿足和苦痛，都是沒有極限的。這種卑賤的依賴並不只是受壓迫者的事實，而是儘管方式不同，卻同樣屬於受壓迫者和強者的事實。一個強者既然只靠他的奴隸生活，對他而言就幾乎不存在什麼不可改變的世界；對他而言，他的命令就像是具有某種神奇的效力；確切而言，他從來沒有意願的能力，反倒是各種慾望的獵物，而對必然性的清晰觀點，也未曾對他的慾望設下限制。既然他無法想像出下命令以外的其他行動方法，當命令無效的情況發生（而這是無法避免的），他會感到瞬間從絕對的強者變成徹底的無能，如同他經常夢到的那樣；而恐懼令人難以忍受的程度，和他在對手身上持續感覺到的威脅一樣高。至於奴隸，他們持續受制於物質；只是他們的命運並不取決於他們所處理的物質，而是取決於他們的主子，而對於主子的任性，我們無法賦予任何法律或限制。

但這樣的存在並不取決於太多的事物，這些人雖然無足輕重，但至少是真實的，而我們若無法看透他們，至少，透過與自己的類比，我們可以看到、聽到他們。事實上，在所有壓迫性的社會中，不論是誰、不論身處什麼階層，一個人依靠的都不只是那些在

不會比想像一條線因為加上了一個點而延長更為容易。至少表面上是這樣；但事實上，有個唯一的例外，也就是思想的領域。就思想而言，關係是顛倒的；在此，個人對集體的超越，就如同有對無的超越，因為思想的成形，只有在一個精神獨自面對自身的時候；集體什麼也不思考。確實，思考本身沒有任何力量。據說，阿基米德是被一個喝醉的士兵殺死的；而如果我們讓他在奴隸監工的鞭子底下旋轉石磨，他的做法就會和最粗壯的人一模一樣。就思想超乎社會層面的混戰而言，它可以判斷，卻無法轉化。所有的強力都是物質的；精神力量的說法基本上是矛盾的；只有在思想是實際上不可或缺的情況下，思想才會是力量。我們可以用另一個角度表達同樣的概念：除了思想的能力之外，人類基本上沒有什麼個人的東西，沒有什麼是完全屬於他自己的；而這個他活著便無時無刻不緊密依賴的社會，從它需要人思考的那一刻開始，便不怎麼依賴他了。因為，思考之外的一切，包括身體的活動，都可透過力量由外在強加到他身上，但世界上沒有什麼能限制一個人行使他思考的力量，也不能讓他擺脫自身思考的控制。如果我們需要一個奴隸思考，最好是放下鞭子；不然我們就沒有什麼機會，能得到品質優良的結果。因此，如果我們想要以純理論的方式，形塑某種社會的概念，一個集體生活會順服於作為獨立個人的人類，而非個人順服於集體的社會，那就必須想像某種物質生活的形式，這種生活只受由清明思考所指引的努力介入，而這就意味著每個勞動者都得在沒有任何外在規範的條件下，控制他的努力與生產成果之間的調適，甚且還得控制協調集體中所有其他成員的努力。技術本質上應該要讓系統性反思持續發揮作用；不同工作的技術之間的類比應該要相當限縮，而科技文化則應該相當廣泛，好讓每個工作者都能夠對每項專門技術有清楚的概念；就工人的合作和物品的交換而言，兩者之間建立協調的方式應該要夠簡單，好讓每個人都能持續有精準的認識；集體永遠不會大到足以超越一個人的精神範圍；共同利益社群必須一目了然，才能消除敵對；而既然每個個體都將能夠控制整個集體生活，那集體生活就會永遠符合總意志（volonté générale）。所有立基於產品交換、生產的祕密，或是工作協調上的特權，都將被自動消除。協調的功能將不再意味任何權力，因為由所有人持續執行的控制，都讓所有的專斷決定變得不再可能。總的來說，人類對彼此的依賴將不再意味著他們的命運得降服於專斷，而這種依賴將不再引入任何神祕的事物到人類的生活中，因為每一個人都將能夠僅憑自己的理性，掌控所有其他人的活動。所有人都將只有同樣一個唯一的理性；當他們彼此分開時，彼此不會變得陌生且難以看透；當一個社會在物質生活上的必要與充分條件，是每個人都運用自己的理性時，這個社會對每個人而言就會是完全透明的。至於為了超越疲倦、苦痛和危險所需要的刺激，每個人都能在贏得同伴的尊重的慾望中，但更多的是在贏得自己尊重的慾望中找到；對於那些作為精神創造的工作，終將無效且有害的外在限制，會被某種

只要研究過去就會發現，這種想法只會將精神引入歧路。於是我們必須將進步的概念替換為某種孕育於時間之外的價值序列；但同樣不可能的是，將各種不同的社會形式按順序安排到這樣的序列中。我們能做的，是將既定年代的社會生活的這個或那個面向連結於某個類似的序列。顯而易見的是，真正使得兩者之間的工作有所區別的，既無關乎幸福，也無關乎娛樂，無關乎安全，但每個人心中都十分看重；一個漁夫在他的小船上，與波浪和風搏鬥，儘管他苦於冰冷、疲倦、缺乏娛樂甚至睡眠、面臨危險，得過某種程度的原始生活，但比起生產線上工作的工人，他的命運更令人羨慕，儘管就上述各點而言他們幾乎都有更好的條件。這是因為他的工作更像是一個自由人的工作，即使在其中常規和盲目的隨機發揮都有其分量，有時還占了相當的分量。以這個觀點來看，中世紀的工匠同樣擁有某種足夠體面的地位，儘管在所有手工藝中扮演如此重要角色的「專業知能」（tour de main）在很大的程度上是盲目的；至於現代科技所培育的高級技能工人，則可能是最像完美工人的例子。我們在集體行動中也會找到類似的差異；一班工人在生產線上被工頭監控，這是個悲傷的場景，而看著一小群建築工人受困難阻撓，每

21 校註：此處韋伊所謂的「自由、平等且情同手足」的原文，就是法國格言「自由、平等、博愛」的意思。

個人都自己思考，指出各種不同的行動方式，並且一致同意實施其中某人所設想的方法，不論這個人是否有在他人之上的正式權威，這卻是一幅美好的景象。正是這樣的時刻顯現出自由集體近乎純粹的圖像。至於工作的本質和工人的狀況之間的關係顯然也是如此，只要我們看一眼歷史或現在的社會；即便是古代的奴隸，當他們受雇為醫生或教師時，也會得到尊重的對待。但這些評論所提及的都只是細節。一個方法若能產生某種整體的觀點，按照奴役與自由的觀念來區分不同的社會組織，將會是更為可貴的方法。

首先，必須要建立起某種像是社會生活地圖的東西，這個地圖上要標示出不可不運用思考之處，再來則是（如果我們能夠這麼說）個人對社會產生影響的區域。我們可以區分出三種思想得以介入社會生活的方法；它可以發展純理論的思辨，讓技術工作者接著執行思辨的結果；它可以在工作的執行中發揮作用；它也可以在指令與指揮中發揮作用。在這所有情況下，都只需要思想部分而殘缺的運作，因為精神在這種情況下都未曾完全擁抱其對象；但是，這已經足以讓那些不得不思考的人在履行自己的社會職務時，比他人更好地保有了人道的形式。說真的，這並不只是對被壓迫者，而是對所有的社會階層而言都一樣真實。在一個立基於壓迫之上的社會中，不單是弱者，還有最強者，都臣服於集體生活的盲目要求底下，而在前者與後者身上，都有種心靈與精神的萎縮，儘管方式不同；然而如果我們對比兩個壓迫性的社會階層，譬如雅典公民和蘇聯官僚，我們會發現在技術工人和希臘奴隸之間，距離至少同樣遙遠。至於在權力的行使中，思考如何能多少參與其中的條件，根據事務複雜和擴展的程度、要解決的困難的一般特性以及職能的分配，應該不難建立。同樣地，一個壓迫性社會的成員，彼此並不只根據他們在社會機器中的位置高低來分辨，他們也藉由他人在和自己的關係中，更有意識或更被動的特徵來分辨彼此，而第二種分別比第一種更重要，但兩者並無直接關聯。至於人對於受自己的理智所指揮的社會職能所施加的影響，可以行使在自己所屬的社會當中，當然這樣的影響得看這些職能的性質與重要性；對這一點加以分析直到細節為止，會非常有趣，但也非常困難。在壓迫性的社會和個人之間的關係中，另一個極為重要的因素，則是一定程度上廣泛控制多樣職能的能力，這種能力主要在於調節工作，由不被賦予這種能力的人所行使；很清楚地，這些功能越是不受控制，集體生活對所有的個體就越是沉重。最終，必須考慮維持個體對社會的物質依賴的連結何在；這些連結時鬆時緊，而其中可有不小的差異，端看一個人在存在的每時每刻，為了擁有消費與生產的工具，並保存自我免於危害，得被迫多常轉向他人請求幫助。譬如，一個工人若是擁有一個大得足以供應蔬菜的菜園，他就比那些得向商販請求所有食物的同志們更加獨立；擁有工具的工匠，比一個若是不請求老闆讓他使用機器，雙手便毫無用處的工廠工人更加獨立。至於抵抗危險，在這方面，個人的處境取決於他所處的社會所實行的戰鬥方式；如果戰

益（désintéressé）的活動，例如運動或甚至藝術或思想，也可能無法給人相當於透過非機械式工作直接掌握世界的體驗。藍波[22]曾抱怨「我們不在世界上」和「真正的生活缺席了[23]」；在那些無可比擬的喜悅和整全的時刻，我們透過閃電明白到真實的生活就在其中，我們以自己的全副存有，體驗到世界是存在的，而我們就在世界中。就連肉體的疲勞也無法削弱這種感覺的力量，但這疲憊感很快就會升高，儘管不至於過度。如果我們這個時代能夠如此，那我們豈不能期待一個勞動已經轉化到足以完全行使一切能力、好建構典型人類活動的文明，為我們帶來何等美妙的生命呢？這應該要是文化的核心。不久之前，許多人還認為文化本身就是目的，而在我們的時代，認為文化不僅只是簡單的娛樂的人，通常會想在其中尋找逃離真實生活的方法。相反地，文化的真實價值在於為真實的生活做準備、裝備人們，好讓他能夠在這個他有分於其中的宇宙中，和那些與他處境相當的弟兄一起，維持某種配得上人性之崇高的關係。科學在今日被某些人視為僅只是技術配方的型錄，被其他人視為某種自足的純粹精神思辨的總和；前者太少

22 校註：藍波（Arthur Rimbaud, 1854-1891），法國詩人，對現代主義文學與超現實主義文學皆有重要的影響。他的創作時期僅限於他十四到十九歲的時期。

23 校註：根據全集版，此引文出自藍波，〈煉獄季節〉（*Une saison en enfer*）。

考慮精神，後者則太少考慮世界。思考顯然是人類的至高尊嚴；但思想若是不掌握其對象——而這對象只能是宇宙——那它就是在空無中運作，因此只能表現在表象上。然而，讓學者的抽象思辨和宇宙產生關係的（只有宇宙能賦予這些思辨具體的價值），是這些思辨可被直接或間接運用的事實。確實，在我們的時代，思辨的應用對思辨而言是陌生的；那些構思或研究這些思辨的人在做這些事情的時候，並不思考其理論價值。至少這是最常發生的情況。等到有一天，若不同時清楚理解科學概念與其應用的關係，便不可能了解科學概念·包括最抽象的概念，而若不認識與徹底了解科學概念，就同樣不可能應用這些概念，哪怕是間接的應用也不可能，等到這時候，科學才會變成具體而實在的東西，工作也才會是有意識的事情；只有到了這時候，科學和工作才會擁有各自完整的價值。在這之前，科學和工作將永遠是不完整而不人道的。至今一直表示科學的目的在於運用的人，他們想說的是真理並不值得追尋，而唯一重要的是成功；但我們可以有不同的理解；我們可以設想一種科學，它提出的終極目標在於完善技術，但不是藉由增加技術的力量，而僅只是讓技術的應用變得更有意識，更有條理。此外，生產率的進步大可和生產者的清醒同步：「你們只要求祂的國，這些東西就必加給你們了[24]。」這樣的科學整體來說，將會是一種掌控自然的方法，或是一份將掌控自然所不可或缺的概念，按照心靈可完全理解的方式安排次序而成的清單。無疑地，笛卡兒正是如此構想科

現代思想，都浸潤著模糊程度不一的、朝向烏托邦文明邁進的憧憬；有時我們甚至能夠相信這樣的一個文明正在形成，而我們正在進入那個希臘幾何降臨人間的年代。笛卡兒肯定相信這點，他的其他幾個同時代人也是。另外，被視為人性價值的勞動概念，無疑是從希臘奇蹟以來人類思考的獨特精神戰果；這或許是希臘所發展，並在其後作為不朽遺產留下的人類生活理想當中唯一的縫隙。培根是第一個揭示這個概念的人。在〈創世記〉古老而絕望的詛咒中，世界顯得像是個勞改營，工作則像是奴役和人性卑賤的印記，但培根在其天才的靈光中，用人與世界之關係的真實原則取代了這個詛咒：「人類透過對自然的順服，對自然發號施令。」這句如此簡單的格言本身，就應該作為我們這個時代的聖經。這句話就足以定義真實的工作，即能讓人類自由地、有意識地順從必然性的行動。在笛卡兒之後，學者們逐漸變成將純科學本身視為目的；但是，與此相反，作家筆下卻開始出現一種生活的理想，一種將生活奉獻於形式自由的肉體勞動的理想；這種理想甚至主宰了某個詩人的主要作品，他在所有詩人中咸認為是最具貴族氣息的，也就是歌德。象徵人類靈魂對善的不懈追尋的浮士德，厭惡地拋棄了對於真理的抽象追尋，這在他眼中已經成為了空虛又無效的遊戲；愛情只是讓他毀了他所愛的人；政治和軍事的力量顯得像是純屬表象的遊戲；與美的相遇讓他感到滿足，但卻只是一閃即逝；領導事業的地位給了他權力，他相信這權力是實在的，但卻讓他淪於激情的專政。他最終渴望的是放棄他神奇的力量，我們可以把這力量當作所有力量的象徵；他吶喊道：「自然啊，如果我能只以人類的身分在祢面前站立，那我就不枉為人了[25]。」而在他死的那一刻，他終於在預感中觸及了最完整的幸福，即想像某種生活，自由地流淌在自由的人民中，擔負著所有辛苦又危險的肉體勞動，但卻在兄弟般友愛的合作中完成。要再引述其他顯赫的名字並不困難，其中包括盧梭、雪萊，以及特別是托爾斯泰，他在一生的創作中發展了這個主題，強度無人能比。至於工人運動，每次運動能避免政治宣傳，都是因為將勞動者的要求奠基在工作的尊嚴上。普魯東敢於寫道：「最簡單的工匠藝人，對於他所運用的材料，耗費的心力就和牛頓計算恆星的距離、重量和運行所耗費的精神一樣多[26]。」馬克思儘管在作品中包含了一些矛盾，但他賦予人與動物相反的基本特質，即人為自己製造存在的條件，並因此間接地製造了自己。工會主義革命者將這種生產者的尊嚴放在社會問題的核心，因而重新連結於此一思潮。整體而言，我們能夠驕傲地歸屬於一個文明，這個文明帶來了新理想的預感。

25 校註：根據全集版，此引文出自《浮士德》（卷二），〈第五幕：子夜〉。

26 校註：根據全集版，此引文出自普魯東，《何謂所有權？》（*Qu'est-ce que la propriété ? ou Recherche sur le principe du Droit et du Gouvernement*, 1840）。

現代社會生活的草圖

比起現代文明在幾個世紀的發展之後，在我們的時代所採取的形式，我們不可能想像出更反對上述理想的事物了。個人從未如此徹底地降服於盲目的集體，而人類從未如此無能讓行動臣服於思考，甚至是無能思考。壓迫者和被壓迫者、階級的觀念等字眼都近乎失去一切的意義，面對社會機器，這台變得毀滅人心、碾壓精神的機器，這台製造無知、愚蠢、腐敗、懦弱，以及特別是暈眩的機器，人類顯然無能而焦慮。這種痛苦狀態的原因十分清楚。我們生活在一個一切都不符合人的尺度的世界中；在人的肉體、精神和所有目前組成了人類生活要素的事物之間，比例異常失調；所有的一切都失衡了。沒有任何人類的類別、群體或階級能夠完全避免這種毀滅性的失衡，或許只有某些生活較為原始的小島嶼除外；而那些已經長大的和正在長大的年輕人，他們的內在比其他人更加反映出他們周遭的混亂。這個失衡基本上是關於量的。正如黑格爾所說的，量變會產生質變，特別是，一個簡單的量的差異，就足以從人類的範疇移轉到非人類的範疇。抽象地說，量無關緊要，因為我們能任意地改變度量的單位；但具體而言，某些度量的單位已被確立，並且至今依然不變，譬如人類的身體、人類的生命、年份、一日、人類的平均思考速度。當今的生活不是以符合這一切事物的尺度組織起來的；生活被移轉到另外一個規模完全不同的秩序中，彷彿人類在盡力提高外在自然（nature）力量水平的同時，卻忽略了考慮自身的天性（nature）。如果我們再加上所有外在現象所顯示的，經濟體制已經耗盡了建設能力，開始不再能夠運作，只會逐漸破壞其物質基礎的事實，我們就會明白地意識到無盡苦難的真正本質，而這正是當前這個世代的命運。表面上看來，一切幾乎在我們這個時代都有系統地完成了；科學戴上了后冠，機械逐漸攻占了工作的領域，統計的重要性不斷提升，而在地球六分之一的土地上，集中化的權力試圖按照計畫，支配整個社會生活。但事實上，有條理的思考卻逐漸消失了，因為思考越來越找不到施力之處。數學本身就構成了太過寬廣而複雜的整體，任何人都無法獨自掌握；而這又讓數學家和自然科學家更有理由形塑一切，讓科學及其應用來形塑一切；然而，另一方面，為了讓思考能夠真正掌握局部的概念，一切都彼此相連得太過緊密。然而，所有個人變得無力控制的事物，都被集體給奪走了。也正是因此，長久以來，科學已經在越來越大的程度上是種集體的成果。事實上，新的成果其實總是某些特定個人的作品；但是，或許除了一些少見的例外，不論什麼成果，其價值都取決於某個複雜的關係整體，亦即與過去的發現和可能的研究的關係，就算是發明家的心靈也無法完全掌握。因此，不斷累積的知識看來就像個謎，像一杯太濃而不再澄澈的酒。因此也就更有理由讓現實生活越來越具有集體性，讓個人在其中越來越不重要。技術的進步和大規模生產的，只有符號間的關係；計算經常神奇地適合將一系列的實驗成果轉化為法則，方法簡單得莫名其妙，讓我們想起在漫畫中所看到的神奇變身。自動化機器似乎提供了某種聰明、忠誠、溫和而負責的勞工的典範。至於貨幣，長久以來經濟學家早已接受了，貨幣的功能就是在多元的經濟功能之間，建立起和諧的關係。而官僚機器則已幾乎要將領導者取而代之。因此，在所有的領域，思想這個個人固有的特性，就臣服於凝聚集體生活的巨大機制，以至於我們幾乎忘了真正的思想意何所指。努力、苦痛、有血有肉的人的創造力，時間將這一切一波又一波地引入社會生活，而它們只在一個條件下才具有社會價值與效力，就是它們要在這台巨大的機器中自我凝聚。方法與目的之關係的翻轉，在某個意義上是整個壓迫性社會之規則，現在成為了一切，或幾乎是一切，並且幾乎擴展到所有事物上。學者求助於科學，不是為了讓自己在思考中看得更清楚，而是為了找到能添加到既有科學之上的成果。機器的運作不再是為了讓人們得以生存，反倒是我們甘於餵養人類，好讓他們去服務機器。並不是貨幣提供了貨品交易的簡便方法，而是商品的流動提供了金錢流通的方法。最後，並非組織才是行使集體活動的方法，而是（不論什麼）群體的活動才是強化組織的方法。同樣這種翻轉的另一個面向，在於下述事實：知識領域中的符號、文字和代數程式，和經濟領域中的貨幣與信用的符號，都服務於某種現實，在其中，真實的事物乃是幻影，完全就像是在安徒生童話中，學者和他的影子

虛空得到的成功即可。甚至科學概念之所以被看重，也不是因為這概念本身的內容——這個概念有可能是完全難以理解的——而是根據它為合作、簡化、統整所帶來的便利。在經濟領域中，對一個公司的評判，不是按照它滿足了什麼社會功能的真實效益，而是根據它所取得的擴張，以及它發展的速度；而所有事情都是如此。因此，價值判斷在某種程度上被託付給了物，而非能思考的存在者。確實，各種努力的效率永遠應該受思考掌控，因為，總的來說，所有的控制都源自於精神；但是思考已經被簡化到如此次要的角色，以至於我們可以簡單地說，控制的功能已經從思考被轉到了物上頭。然而，這種因過度複雜而奪去了思考的冠冕的理論與實踐活動，既然還在日益惡化，最終便使得由物所施行的控制產生缺陷，乃至近乎不再可能。於是一切都變成盲目的了。正是因此，在科學的領域，各種素材的過度堆積，最終會造成混亂，以至於所有系統都顯得像是武斷的。經濟生活的混亂又更加明顯。在工作的執行本身，不負責任的奴隸服從於對於被大量需要監督的事情壓垮的主管，而同樣不負責任的主管在很大的程度上，則是無數缺失與疏忽的原因；這個壞處原本只限於大的工廠企業，現在已經延伸到了農村，在此，也就是蘇聯，農夫被奴役的方式和工人一樣。信用的過度擴張妨礙貨幣扮演它的角色，也就是交換和多元的生產分支之關係的調節；而我們以統計加以補救的嘗試則近乎徒勞。金融投機的類似擴張，則讓獨立公司的成功在很大的程度上無須仰賴其運作的順

會有利於國家權力的推進，因為國家正是典型的官僚組織。經濟鬥爭的深層轉化也產生類似的作用；國家沒有能力建設，但是，既然國家集中掌握了最有力的束縛的手段，那在某種程度上，它自己的重量本身就會引領它逐漸變成征服或毀滅的核心元素。最終，既然交易與信用的活動極度困難，使得貨幣不再足以協調經濟生活，那就必須讓某種類似的官僚協調體系取代；而集中式的官僚組織，亦即國家機器，自然就該遲早在這協調上取得優勢。社會生活運轉的樞紐，就如此轉化成為戰爭所做的準備。一旦權力鬥爭透過征服和毀滅來進行，亦即某種擴散經濟的戰爭，那麼嚴格意義上的戰爭變成最重要的事情，也就無須意外了。而既然在競爭者是國家時，權力鬥爭的形式就是戰爭，那所有國家對經濟生活之操控的進步，效果就是更大程度地將工業生活導向備戰；然而，相對地，持續增長的備戰需求，也使得每個國家的經濟與社會活動日復一日地進一步臣服於中央權力的權威。顯然，不論在哪，當代人類幾乎都傾向於某種極權（totalitaire）形式的社會組織——借用因國家社會主義者而蔚為潮流的字眼——亦即在所有領域，甚至以及特別是在思想的領域中，讓國家權力做至高決斷的政權。俄國為這個體制提供了近乎完美的範例，並為俄國人民帶來了最大的苦難；其他的國家只能夠盡量接近俄國，至少是接近類似於一九一七年十月革命的動盪，但是看來無可避免的是，在即將到來的幾年內，一切都會或多或少接近這場動亂。這個演變只會帶來某種官僚形式的失序，並導致更多的鬆散、浪費和苦難。戰爭帶來了對原物料和工具的瘋狂消費，並瘋狂摧毀我們從先前世代所繼承的一切。當混亂和毀滅到達了一個極限，使得經濟和社會組織的運作本身在物質上都變得不再可能時，我們的文明就會滅亡；而人類將退回到相對原始的生活水平，散布於小得多的群體中過社會生活，並重新朝向我們絕對無法預見的道路出發。

設想我們能夠透過改革或革命來轉化整個體制，將歷史導向不同的方向，並期待某種對暴政或軍國主義採取的防衛或進攻行動的拯救，已經完全是南柯一夢了。就連簡單的嘗試都沒有什麼基礎。根據馬克思的公式，這個體制會孕育出自己的掘墓人，但這個公式每天都被殘酷地否定；此外，我們還得問：為何馬克思總是相信奴隸制能夠形塑自由人。在歷史上，從來沒有哪個奴隸體制是毀在奴隸手上的。事實上，根據某個著名的說法，奴隸制使人墮落到甚至愛上奴隸制；而自由只在確實擁有自由的人眼中才足見珍貴[27]；而一個徹底缺乏人性的體制，例如我們的體制，它不會塑造足以建立人性化的社

27 校註：這個說法可見於韋伊在本書後文中提到的、十六世紀的拉・波埃西在《論自願為奴，或：反獨夫》當中，亦可見於十八世紀盧梭在《社會契約論》〈卷一：第二章〉當中對奴隸的討論，韋伊在《扎根：人類責任宣言緒論》當中表示過，應推薦年輕人閱讀盧梭的《社會契約論》。

會的人，反而會以自己的形象[28]，塑造一切臣服於此一體制的人，壓迫者與被壓迫者皆然。在各處，儘管程度不一，但因為在施與受之間已不再能建立關係，因此盡心工作的意義和責任感都已受到損害，並激發出消極、放棄、完全等待外在的習慣，以及對奇蹟的信仰。即使在農村裡，在滋養人類的土地和在土地上工作的人們之間深深連結的感覺，很大程度上也消失了，自從投機的滋味以及貨幣和價錢不可預期的變動，讓農民習慣了將目光從身邊轉向城市之後。工人並沒有以生產行動謀生的意識；他只感到企業每天以超長時數奴役他，每個星期賞賜他一點錢，讓他有神奇的權力，能在短時間內幻想製造好的產品，就像富人一樣。數不盡的失業者的存在，必須乞討才有位子的殘酷事實，顯示出薪水其實不是薪水，而更像是種施捨。至於失業者本身，儘管他們並非自願成為寄生蟲，處境悲慘，但他們依然是寄生蟲。總的來說，付出的勞動和獲得的金錢之間的關聯是如此難以掌握，看來近乎偶然，使得工作像是奴役，金錢像是恩賜。我們稱為領導階層的圈子，也染上了和所有其他人一樣的消極，由於被深似大海的無解問題所覆蓋，他們老早就已放棄了領導。從社會位階的最高到最低階層，我們找不到一個人類群體，能在某天產生在必要時自己能將社會的命運掌握在手中的想法；在這個主題上，法西斯者浮誇的演說只能塑造某種幻覺，但它們是空洞的。一如既往，心智上的混亂和消極留下了任由想像自由通行的道路。在各個方面，我們都執迷於某種社會生活的再現

（儘管這種再現在不同的群體裡差異極大），它總是由奧祕、玄奇的素材、神話、偶像與怪物所構成；每個人都相信權力神祕地寄居在某個他無法進入的群體中，因為幾乎沒有人了解，權力不在任何地方；因此，不論在何處，主要的情緒都是這種令人暈眩的恐懼，而這恐懼產生的永遠都是與現實失去聯繫。每個群體在外人看來，都像是惡夢的對象。在屬於工人運動的圈子裡，夢想受到神話般的怪物所糾纏，怪物的名字是金融、工業、證券、銀行等等；資產階級夢到的則是其他怪物，他們稱之為鬧事者、煽動者和鼓動人心的政客；政治人物則將資本家當成超自然的存有，只有他們掌握了情勢的鑰匙，相對地，資本家也是如此看待政治人物；每個民族看著其他民族，就像是由惡魔的邪氣所賦予生命的集體怪物。這個主題我們可以永無止境地發展下去。在這樣的情況下，不論什麼庸才都可以被看成一個國王，並坐上王位，在某個程度上，這得歸功於這個信念；這不只是對一般人而言成立，對領導階層而言也是如此。沒有什麼比對全體人民散播隨便什麼神話更容易的事了。當歷史上出現前所未有的「極權」體制時，絕對不應驚訝。我們常說力量無法征服思想；但是這句話要成立，得先要有思想存在才行。只要不

28 校註：韋伊這句「以自己的形象塑造……」出自馬克思在《共產黨宣言》中所改寫的《聖經》〈創世記〉經節：神以自己的形象造男造女。

理性的意見取代了觀念，力量便無所不能。舉例而言，說法西斯主義摧毀了自由思想，這是很不公平的；事實上正是因為自由思想的闕如，才讓透過強力將沒有內涵的官方教條強加於人民身上成為可能。事實上，這樣一個體制甚至還大幅度地提高了大眾的愚鈍，而對於在這個體制所激發的條件底下成長的世代而言，只剩下非常渺小的希望。在我們的時代，所有讓人類變得愚鈍的嘗試，都找到了合用的有力方法。相反地，即使我們講台上已經有了最好的講者，有件事情還是不可能的；就是去廣泛傳播清楚的觀念、正確的推理和合理的認知。

沒有什麼可供人類盼望的護佑；即使不是如此，人們首先還是會被事物的力量擊敗。目前的社會除了以機器碾壓人類外，並未提供什麼其他的行動方法；那些手中握有機器的人，不論其動機為何，只要機器存在，它們在現在以及未來都將碾壓人類。有了這些構成大工廠的勞改營，我們只能製造出奴隸，而不是自由的工人，更不要說是形成統治階級的工人。有了槍砲、飛機與炸彈，我們能散布的只是死亡、恐怖與壓迫，而非生命和自由。有了瓦斯面具、避難所和警報，我們能打造的只是狂亂的苦難群畜而非公民，他們只會準備好要讓步於最瘋狂的恐怖，並且以認可來歡迎最令人感到羞辱的暴君。有了大媒體和無線電，我們不論在哪，都可以讓人民將所有既成的甚至是荒謬的觀點，在早餐或是晚餐時配飯吞下，因為在一個只接受而不反思的心靈中，就算是合理的

的；任何地方，只要是施行中央集權，就會令其他的一切從屬於中央。一般而言，開明專制的想法雖然總是帶著烏托邦的特性，但在我們的時代卻是完全荒謬的。當今我們面對的問題，其多樣性與複雜性，無限地超乎任何偉大或渺小的心靈，世界上沒有任何一個專制君主能夠理解。如果某些人能夠期盼透過誠實而有條理的反思，在這個無法穿透的陰暗中瞥見一絲微光，那這顯然不是那些休閒和精神自由都被權力的煩憂和責任感所剝奪的人。在這樣的情況下，那些仍然不顧一切、堅持要尊重自己以及他人身上的人性尊嚴的人，能夠做什麼？什麼都不能做，除非盡力在碾壓我們的機器的齒輪中撐開一絲間隙；在任何情況下，只要有可能，便把握所有機會，在各處喚醒思考；在政治的、經濟的或科技的領域，支持一切可能讓個人在社會組織包圍的連結內部擁有某種行動自由的事物。這些確實有其意義，但卻沒法走得太遠。總的來說，我們的處境非常像是一群旅人，坐在高速行駛但沒有駕駛的汽車上，駛過顛簸的鄉間，完全不知自己身在何方。什麼時候會發生一場衝撞，能讓人考慮試著建立某種新的事物？這可能是幾十年，或甚至是幾個世紀的事情。沒有任何資料能讓我們斷定一個可能的期限。然而，就算將戰爭納入考慮，我們文明的物質資源似乎在一段相當長的時間內還不會被耗盡；而另一方面，既然集中化（centralisation）去除了所有的個人主動性和所有的在地生活，它的存在本身，已經毀滅了所有足以作為另一種不同的組織之基礎的事物，我們可以假定現今

濟上過度集中化，因而充滿壓迫的組織。然而，特別是在戰前，有另一種機械工具，製造了歷史中出現過或許是最美的一類有意識的勞動者，也就是技術工人。如果，在過去的二十多年中，機械工具在形式上越來越自動化，如果在型號相對較早的機器上，工作的完成也變得越來越機械化，那原因就在於日益嚴重的經濟集中化。誰能知道，如果一個工業分散成無數個小工廠，不會激發機械工具反向的演化？同樣地，誰又知道，比起現代工廠中最需要技術的工作，這種形式的工作是否要求更多的意識和創造力？同樣缺乏說服力的，是期待電力能為這類工業組織提供適合的能源形式。既然我們對現存的惡幾乎無能為力，一旦我們清楚了解這點，便至少能免於在直接受時事波及的時刻之外為之操心，如此一來，除了有系統地清點當前的文明，以為未來做準備之外，我們還有什麼更高貴的任務？確實，這個任務遠遠超越了一個人生命中極為有限的可能性；而另一方面，轉向這樣一條道路，肯定會迫使自己進入道德的孤寂、不被理解的處境，同時受到既定秩序之敵人及其奴隸的敵視；至於未來的世代，沒有什麼能讓我們假設，在必要的情況下，在穿過一切區隔我們和他們的災難之後，他們會偶然地想出我們這個時代某些孤獨的心靈所能設想的一些概念的片段。但是，抱怨這樣的處境是種瘋狂。從來就沒有什麼與神的契約，保證了努力的有效性，即使是最大程度的努力。而當我們最終不再相信自己和身邊的他人，而只相信那些努力，這些努力的來源與原則就在那些完成這些努力的人本身的思想中，如此一來，渴望某種神奇的操作，能以孤立的個人微不足道的力量，帶來偉大的結果，這將是可笑的。一顆堅毅的靈魂，當他清楚意識到唯一一件該做的事，那他就絕不會為了這類理由改變自己的意向。因此，重要的是在當今文明中，區別出那些是屬於被當作個體的人的權利，和那些本質上會提供武器讓集體和他對立的事物，所有的一切都是為了尋找方法去發展前者，削弱後者。在科學方面，不應該再試圖添加什麼在已經過多的內容之上；而應該做一次盤點，好讓精神能了解什麼是屬於他自己的、什麼是由清楚的概念構成的，並將為了協調、統合、總結乃至發現所需的自動化步驟放在一邊，必須試著將這些步驟重新置於可為心靈所意識到的道路上；必須要以一種普遍的方式，在所有我們力所能及的地方，清楚認識並且介紹科學成果，像是思想的系統活動單純的一刻。為此，一份對科學歷史的嚴肅研究無疑是不可或缺的。至於科技，必須以更深刻的方式，研究它的歷史、它當前的狀態、它發展的可能性，並且得透過某種全新的觀點來研究，不再是透過生產率的觀點，而是透過工人與其工作的關係。最後，我們必須徹底闡明完成人類思考的各個步驟的類比，一方面透過日常生活，特別是勞動，另一方面則透過科學的系統性探討。儘管朝這方向所進行的一系列思考，對於社會組織在此之後的演進應維持毫無影響，它不會因此而失去價值；人類未來的命運不是唯一值得思考的對象。唯有狂熱者才會除了為某個集體的理由服務之外，無法為自身

一九三三至一九三八年[1]斷簡[2]

一

我們當前情勢之嚴峻前所未見。世界上最先進、組織最完善的無產階級，不單是被征服，甚至是還沒抵抗就投降了。在這二十年以來，這已經是第二次了。在戰爭期間，我們的前輩們還能期盼：俄羅斯無產階級波瀾壯闊的起義，將能喚醒歐洲的工人。至於我們，沒有什麼能夠讓我們有同樣的盼望；沒有任何地方顯示出勝利即將到來的跡象，

1 校註：本文橫跨一九三三至一九三八年，而根據她著名的《致一位修士的信》當中所附的〈精神自傳〉，她在一九三五年時，在葡萄牙的漁村聽到村民的民歌，而體驗到基督教的信仰與愛，另外，她在一九三七年時，在阿西濟（Assisi）聖方濟曾經禱告過的教堂中，體驗到無可抵擋的禱告之衝動。因此本文涵蓋了她的宗教傾向與神祕體驗之前與之後的思索。

2 校註：在卡繆編輯的《自由與壓迫》中，歸於〈一九三三至一九三八年斷簡〉題下的這幾篇短文，在《全集》〈卷二之二〉中按不同次序被歸在一起（頁一一四—一一七），全集編者指出，根據這些文字的說教特徵判斷，這些斷簡可能是西蒙．韋伊在一九三二至一九三三年、一九三三至一九三四年，在聖德田（Saint-Étienne）勞工聯合會上馬克思主義勞工教育課程時的備課筆記。

好補償無從抵抗而被碾碎的德國工人。在馬克思過世五十年之後，或許打從勞工運動存在以來，各方力量之間的關係從沒有像現在這樣，如此不利於無產階級。

馬克思在過世五十年之後，還留下什麼給我們？他的學說堅不可摧；每個人都能在他的作品中找到他的學說，並在重新思考過後加以吸收；而儘管人們如今以馬克思主義之名散播的，是些乾枯而缺乏真實意義的格言，但還是有些運動者會追本溯源。然而，儘管馬克思的分析具有某種不朽的價值，這些分析的目標，即馬克思當時的社會，已然不復存在。馬克思主義只有在一種條件下才能生存，即構成馬克思主義方法的寶貴工具必須毫髮無損地代代相傳，讓每個世代用以界定自己生存於其中的世界。這是戰前世代的理解，正如同列寧關於帝國主義的小冊子與許多德語作品所見證的。這是相當粗略的說法。但就此而言，我們這些戰後世代又做了什麼？人們讀過工人運動的著作後說：自從馬克思與列寧以來，就沒什麼新的東西了。然而，「在地表六分之一的土地上」，卻有一個經濟體制，是我們未曾認識，也未曾想像過任何事物與之相似；在世界其他地方，紙鈔、通貨膨脹、國家部門在經濟領域的擴張、理性化措施以及其他各種變革，都已開始改變，或許還轉化了各種經濟關係；在過去四年多以來，我們經歷了前所未見的經濟危機。對這一切我們有何所知？對我而言，我列舉這些問題，卻無法不在某種苦澀的羞愧中，意識到我自己的無知；而不幸的是，就我所知，對於當前經濟狀況所提出的根本問題，在工人運動的著作中，沒有什麼能讓人相信現在還有哪位馬克思主義者，能夠提出解決辦法，或甚至是提出清楚的說明。同樣無須訝異的是，在馬克思過世五十年後，馬克思主義者們自己將政治當成一個獨立的領域，幾乎分離於經濟事務的領域。階級區隔，這個馬克思透過生產關係來解釋政治現象的觀念，如今在共產主義的日報當中，卻變成了某種全新的神話學的泉源；特別是資產階級，在此成為了某種神祕而兇惡的神祇，能任憑己意引發各種現象，不論什麼事情，幾乎都可以用它的慾望和奸計來解釋。較嚴肅的共產主義著作也未能完全免於這種謬事，甚至在反對群體當中，甚至在托洛斯基的某些分析當中都是如此。當然，各種政治概念，既未以經濟為基礎，就無法在真空中再有任何進展，就像是沒有了空氣阻力，一隻鳥也無法飛翔，那戰前與戰爭期間留給我們的遺產也就是這些政治概念了。改良主義依然故我；無政府主義意識形態也是；革命工會主義者們依然夢想著過去的總工會；正統派與反對派共產主義者們相互爭執的是誰對戰前布爾什維克黨模仿得更好。一切都無意識地通過了我們這個全新的時期，這個沒有任何過去建立的分析能夠界定的時期，在這段期間，似乎只有身體獨自活著，而所有精神卻依然運行於已然消失的戰前世界裡。

二

歸根結柢，社會結構的問題在於階級問題。

在歷史中，我們至今為止所認識的，只有各種階級分化的社會，唯一的例外是完全原始的社會，在這種社會裡，各種分化尚未產生。然而一旦生產力多少有所發展，社會便會劃分為各種類別，彼此利益不同，互相對立。最明顯的對立，存在於非生產者與生產者之間，亦即在剝削者與被剝削者之間；因為非生產者必然消耗其他人的生產，並因而剝削他人。剝削的機制界定了每個時代的社會結構。況且，無須贅言的是，唯物主義的理論永遠無法將剝削者視為單純的寄生蟲；在任何階級分化的社會裡，對他人勞動的剝削構成了一種社會功能，讓這個社會中的生產機制變得可能而不可或缺。只有人們獲得某種排除了這種功能的生產形式，一個無階級的社會才能實現。此外，不論是什麼社會，永遠都不會簡單地劃分成剝削者與被剝削者，而是劃分成許多階級，每個都由自己與剝削的基本事實之間的關係來自我界定。

在歷史中，我們知道三種以剝削為基礎的主要社會形式：奴隸制政體、封建制政體、資本主義制政體。我們只知道一種無剝削社會的形式，亦即原始共產主義，這種社會受限於技術上極度的低度發展。我們所面對的關鍵問題是：如果，在一個較高的水平

人如果不加抵抗便執行命令，那他執行的方式便不可避免地會把人當成像是物一樣，甚至還是特別柔軟而好操縱的物；因為屈服於死亡威脅的人——說到底，在一切權威中，死亡都是至高的制裁——會變得比無生物更好操縱。只要社會階層存在，不論是怎樣的階層，那底層的人為了不徹底喪失作為人的權利，就應該鬥爭，也將會繼續鬥爭。另一方面，上層對底層浮現的力量的抵擋，雖然必然較不具有同情心，但卻建立在具體的動機之上。首先，除了少見的慷慨大度的例子，特權者必然傾向於保守他們的物質與道德特權不受損害。特別是那些位居號令職務的人，他們的任務便在於捍衛一切社會生活所不可或缺的秩序，而在這些人眼中，唯一可能的秩序就是現存的秩序。他們在某個程度上是對的，因為新秩序在實際上建立之前，沒有人能夠斷言新秩序是否可能實現；正是因此，任何社會進步，不論大小，都是不可能的，除非來自下層的壓力夠大，能在現實中將新的條件強加到社會關係之上。某種不穩定的平衡就在來自下層的壓力與來自上層的抵擋之間持續建立起來，是這種不穩定的平衡，在每時每刻界定著一個社會的結構。但這兩種對立力量的相遇並非一場戰爭，儘管不時總會流點血。憤怒是不可避免的，但仇恨卻可避免。雙方中的任何一方，或是兩方，都可能會轉而試圖殲滅對方，但這時雙方相遇的本質已然改變，而人們的思維中已抹去了鬥爭的真正目標，不是復仇的盲目慾望癱瘓了思想，就是毫無意義的實體介入其中，使人產生永遠無法達到平衡的幻覺，而這幻覺永遠是錯的。這時就會出現災難；但我們可以避免這樣的災難。古希臘羅馬所留給我們的，不只是特洛伊無止境而無用的屠殺的歷史，還為我們留下了和平的積極行動的歷史，透過這樣的行動，羅馬的平民沒灑一滴血，便擺脫了差點受人奴役的處境，並建立了護民官的制度，作為新的權利保障方式。法國工人正是藉由相同的做法，透過和平占領工廠，硬是贏得了有薪假、薪資保障與勞工代表[3]。

我們無法列舉所有曲解當前社會鬥爭的空洞概念，某些概念還有在兩邊陣營激起一場致命內戰的危險。這類空洞概念已經太多了。我們只能舉一個例子。所以，對那些認為「資本主義」這個字眼代表了絕對邪惡的人而言，他們的心裡是怎麼想的呢？我們活在這樣的體制底下，其中包含了各種束縛人的、有時會讓人粉身碎骨的壓迫形式；痛苦難當的不平等；以及許多無益的苦難。另一方面，這個體制在經濟上的特色，是由貨品的生產與流通之間的關係，以及貨品與貨幣流通之間的關係所界定的。確切地說，這兩種關係是如何影響這些苦難的呢？這些苦難在哪些方面又是由其他原因所造成的呢？而其他各種體制的建立，又是如何緩解或是加重了這些苦難呢？如果我們探究此處所提出

3 校註：應是指一九三六年法國大罷工，簽訂馬提尼翁協議的事件。

的問題，我們或許能約略明白資本主義在什麼程度上是邪惡的。而既然我們對此一無所知，我們便將自己所經受的，或是我們身邊所見的一切苦難，連結於某些經濟現象，但這些經濟現象是不斷變動的，只是被我們武斷地凝結成某種無從界定的抽象概念。同樣地，一個工人也是武斷地將所有自己在工廠中所承受的苦難連結到老闆身上，從不反問自己，在一個截然不同的所有權體制底下，公司的管理階層是否就不會繼續讓他蒙受部分苦難，或甚至是加重某些苦難；對他而言，「反對老闆」的鬥爭，和人類被過於沉重的生活條件壓垮時不可遏抑的抗議混合在一起了。而對另一個陣營而言，同一種無知，讓鼓動失序的人，混跡於所有想像資本主義終結的人中間，因為人們並不知道在什麼程度上、在什麼條件底下，構成當前資本主義的經濟關係，能被合法地視為秩序的必要。因此，在資本主義的反對者與捍衛者之間的鬥爭，是場瞎子之間的鬥爭；鬥爭雙方的努力都落空了；正是為此，這場鬥爭很可能有變得冷酷無情的危險。

因此，將這些實體從政治與社會生活的一切範疇中驅逐出去，似乎是種公共衛生的任務。為了緩解想像的衝突而進行澄清的努力，和試圖撲滅真實衝突的哄騙之間，毫無任何共通之處。兩者甚至是完全的對立。那些說漂亮話的人在鼓吹國際和平的時候，他們對這種說詞的理解是：為了專屬法國的利益，維持模糊不清的現狀；而那些主張社會和平的人，他們的意思是要保護特權不受侵害，或至少是要讓一切的改變服從於特權者的善意；對國際與國內的和平而言，這些人才是最惡劣的敵人。如果我們這個時代的人能付出理智上的努力，辨別想像與真實的對立、減少對空洞的抽象概念的信任、分析具體的問題，那就能減少戰爭的風險，而不用放棄鬥爭，照赫拉克利特[4]的說法，鬥爭是生命的條件。

四

馬克思主義是資產階級社會的最高靈性表現。透過馬克思主義，資產階級社會才開始意識到自己，在馬克思主義裡，資產階級社會否定了自身。然而只有在現存秩序所界定的形式底下、在資產階級思想的形式底下，這種否定才能得到表述。因此，馬克思主義學說的每句箴言，都揭露了資產階級社會的各種特質，但同時也證明了這些特質是合理的。透過發展出一套對資本主義經濟的批判，馬克思主義最終為此一經濟體制的法則，提供了寬廣的基礎；對資產階級政治的反對，導致的是要求完成資產階級古老理念

4 校註：應是指Héraclite d'Éphèse（Ἡράκλειτος，前五四〇—四八〇），古希臘哲學家，作品現今只存殘篇。

的可能性——資產階級只是以一種模糊的、形式的、純屬法律的方式，實現了這個理念——但卻是在反對資產階級的鬥爭中實現，並以較資產階級更為一致也更具體的方式實現；這個學說原本的目的在於消滅一切意識形態，揭露其下所掩蓋的各種利益，但它自己卻被轉化為一種意識形態，接著被人濫用，神聖化資產階級社會中某個特定階級的利益。

這重現的是同一個現象，即年輕的資產階級開始發動的對封建社會與教會的鬥爭。起初，它必須為自己的反抗穿上這個社會的宗教形式的外衣，接著，為了打敗教會，它又誇耀自己的原始基督教成分。在與另外兩個等級（ordre）的鬥爭當中，資產階級意識到要形成一個截然不同的等級，這就表明了：儘管自己反對封建政體，它已經意識到自己是其中的一部分（這和今天無產階級的階級意識完全相同，它的興起是為了補償得不到滿足的財產偏好，而這正顯示了無產階級的資產階級精神狀態；因為透過階級思考，正是資產階級社會的特色）。只有在封建社會傾頹沒落的時候，資產階級才能擺脫這種宗教、教會與封建的意識形態。但它卻只是清除了從自然經濟時期開始便依附在神的形象之上的渣滓，但卻為自己打造了另一個至高神，而這個神不過是某種**超驗理性**（Raison transcendante），祂先於一切事件，祂決定未來的方向。在黑格爾的哲學中，神還會以「世界精神」的名字出現，並且被當成是歷史的動力與自然的立法者。資產階級只有在完成了自己的革命之後，才在這個神身上發現：這個神是人自身的創造，而歷史則是人自身的作品。

清楚表述這個理念的人是路德維希．費爾巴哈；但「人」如何能創造歷史，這是他無能說明的。因為一堆人排排站，只會被視為是自然的存在者，他們只能做到各種行動的混合，而不能讓人性有規律地向上發展。馬克思的第一個、也是最關鍵的發現，僅在於他超越了費爾巴哈的抽象的人，並開始試著從個人的合作、從聯合與鬥爭、從存在於人與人之間的多重「關係」，來解釋歷史的進程。然而，眼前這種思想上得之不易的進步，從另一種角度來看，代價卻是某種無意識的倒退。卡爾．馬克思無法克服費爾巴哈的孤立的「人」，只能以「社會」的名義，將這個「人」引入歷史，而「社會」正是費爾巴哈所消滅的神。

確實，從一開始，馬克思就以一種無害的形式，向我們呈現這個新的神明：「總體社會關係」，亦即在具體而主動的人之間的所有個人關係的集合。他不只一次強調過，這些「關係」理所當然地，是人類活動的經驗產物，其「總體」（如果我們堅持非得用一個特殊的名稱，指稱將所有主動的人連結起來的變動關係的話）應被視為一個縮寫詞，表明著歷史進程的結果。但馬克思越是深入分析歷史的過程與各種經濟法則，他就越常改變他的觀點，直到——出乎意料地——「集體」變成了某種位格實體

（hypostase），成了個體行動的條件，成了某種在人類的行動與思想中「顯現」，並在其活動中「實現」的「本質」（essence）。在資產階級個人主義的「私」領域之外，集體構成了一個獨立領域，一個「普遍」（général）領域，並且以獨立實體（substance indépendante）的性質，作為前者的基礎；例如，在產品價格尚未由具體的、經驗的市場所「實現」之前，集體已經決定了一項產品的價值。而同樣地，在社會主義體制底下，這兩個領域還會有某些更進一步的區分。我們只要想想這條公式：「以土地與生產工具的集體所有權為基礎的個人財產[5]」，在《資本論》的著名段落中，這條公式界定了未來的經濟秩序。這裡特別提出了一般領域與個人領域之間的區隔；要想像一種「集體所有權」是不可能的，除非我們將「集體」視為某種特殊的、籠罩在個人頭上，並透過個人來行動的實體。

如果我們對這一切有所懷疑，那我們就得仔細審視這條馬克思主義的公式：社會存在決定意識[6]。這條公式的矛盾比字數還多。既然「社會」的事物只能在人類心靈中存在，「社會存在」本身就已經是意識，它無法在此之外決定某種有待定義的意識。因此，提出「社會存在」作為特殊的、與我們的意識分離的、不知道藏在哪的決定因素，這就是將它變成某種位格實體；這是馬克思傾向於二元論的一個極佳的例子。但我們如果想要將這個謎一般的「存在」，視為是在人與人之間的關係中的某種要素，並且取決於某些建制，例如貨幣，那我們立刻就能清楚地發現：這項要素所扮演的角色，只不過是由個人所完成的、有意識的行動的結果，因此它有賴於意識，而遠遠不能決定意識。進言之，如果馬克思一反在他之前的所有思想家，認定必須獨立出某種特殊形式的存在，他稱之為社會存在，那就表示他暗中將這種存在對立於其他存在，也就是自然。

5 校註：出自馬克思，《資本論》。

6 校註：這句話出自馬克思一八五九年的〈《政治經濟學批判》序言〉（*A Contribution to the Critique of Political Economy*），完整的句子是「不是人們的意識決定人們的存在，相反地，是人們的社會存在決定人們的意識。」通常被認為是歷史唯物論的重要原則。

對革命與進步等理念的批判檢視[1]

（一九三七年，冬？）

如今，似乎只要一個神奇的詞彙，就能補償一切苦難、滿足所有焦慮、洗刷過去的恥辱、緩解當前的不幸、總括未來的可能。這個詞就是革命。它不是昨天才出現的。它在一個半世紀之前就出現了。第一次實行的嘗試——從一七八九年到一七九三年——所帶來的，卻不是人們所期盼的結果。自此之後，每個世代的革命者在年輕時，都相信自己命中注定，要發動真正的革命，並在逐漸老去時，將希望轉交給下一個世代；他們不用承擔失望的風險，因為他們已然死去。這個詞所激發的獻身是如此純粹，流出的鮮血是如此的豐沛，在這麼多的不幸中，它成了讓人活下去的勇氣的唯一來源，使得對它的研究幾乎成為一種褻瀆；然而，這一切卻不妨礙它或許意義闕如的可能。只有對神父而

1 校註：根據全集版，本文可能受到《評論與戰鬥》（*Essais et combats*）期刊上的問卷所啟發，她對問卷的回覆見本書第八章〈論馬克思主義的矛盾〉。另外本文也受她在工廠與人民陣線（**Front populaire**）的經驗所啟發。

言，殉道者才能取代證據。

想到我們所要廢除的體制（régime），「革命」這個詞似乎未曾如此具有現實性，因為，再明顯不過的是，這個體制已然病入膏肓。如果我們轉頭看看未來可能接班的體制，我們就會意識到一個矛盾的處境。在這個時刻，幾乎沒有哪個有組織的運動在實際上不把革命這個字眼當成決定行動與宣傳方向的指令。然而我們從未如此仰賴這個指令；特別是，對於所有在肉體或靈魂上為當前的存在處境所苦的人、所有受害者或是自認為是受害者的人，以及所有將身邊的受害者都慷慨地放在心上的人，還有其他各種人而言，這個詞觸動他們每個個人的心靈。對於一切無從解決的問題，解方都在這個詞當中。過往戰爭的折磨，以及為可能降臨的戰爭所做的準備，使得各民族人民身上的重負日益沉重；在貨幣與產品流通上、在信用和投資上，每次的失序，都激起殘酷的悲慘處境的回響；科技的進步帶給人們的，似乎更多的是過勞與危險，而非福祉；而這一切似乎都將在革命時刻的鐘聲響起時消散無蹤。

在工廠裡被迫消極地服從、被迫接受幽暗單調的工作、「感到時間永無止境」的工人們，或是自認不適合體力勞動的人，或是受長官迫害的人，或是在下班後苦於無法獲得供給腰纏萬貫的消費者的娛樂的人，都想起了革命。不幸的小商人、仰賴年金的老年人，也都把眼睛轉向了革命。反抗家庭與學校束縛的資產階級青少年、百無聊賴而渴望冒險的知識份子們，也都夢想著革命。希望科技能支配宇宙，卻因為金融考量壓倒了技術考量，而在理智與自尊上受挫的工程師們，也都憧憬著革命。這些人心中大都懷著強烈的自由、平等、公共福祉的理念，見證悲慘與不義令他們感到痛苦，他們巴望著一場革命。這所有在盼望中說出革命這個詞的人，如果我們一個個看他們每一個人，如果我們找尋引導他們每個人走向這個方向的真正動力，尋找他們在個人與普遍的層次上真正渴望的具體變革，我們將會發現：同一個詞，可以被賦予多麼多樣的理念與情感。我們會意識到：某人的革命並不總是他鄰人的革命，兩者天差地遠，許多時候甚至無法並存。我們也會發現，在說出這個詞的人的思想中所表達出的各種渴望，與可能在未來真的引起某種社會動盪的各種相對應的現實之間，並沒有任何關係。

事實上，如今人們並不將革命看作某種解決當前問題的方法，而是看作某種免於解決問題的神蹟。人們如此看待革命的證據就是：我們盼著它從天上掉下來；我們等著它自行實現，我們並不思考誰會進行革命的問題。在這方面，沒有多少人會天真到相信那些大型的工會或是政治組織，它們或多或少都有這樣的信念，就是要堅持誇耀革命。在領導階層裡，儘管並非完全沒有任何有價值的人，但就算是最樂觀的目光，也無法找到一個能夠完成此一重責大任的團隊正在萌芽。我們在次級幹部與年輕人身上，也看不到任何徵兆，顯示出他們內含這樣一個團隊的要素。此外，這些組織反映出許多缺陷，是它們在自己的社會中所揭露的；它們甚至還隱含著其他更重大的缺陷，來自於某個比資本主義制度更糟的極權政體從遠方對它們的影響。各種小群體，不論是鷹派還是鴿派，都指控大型組織毫無作為，它們以令人動容的恆心宣告好消息[2]，卻將因為認定人有能力作為新秩序的助產士而更感到困窘。

確實，我們相信群眾的自發性，或至少我們假裝相信。一九三六年六月[3]是這種自發性的感動人心的範例，在法國，我們以為這種自發性早已被扼殺在公社[4]的血泊中。一股激流湧現自群眾的肺腑中，不可遏抑，鬆開了社會約束的箝制，讓人得以呼吸空氣，改變了所有人的信念，讓人接受了六個月前他們還視為醜惡的事物，如今他們視之為不證自明之事。因為這股力量無與倫比的強大說服力，成千上萬的人們先是用自己的眼睛看見了：他們在人類的神聖權利中有自己的一份，這是在他們軟弱時連敏銳的理智也看不到的。但也僅止於此。除了更深刻的動盪，他們不會有別的什麼。群眾並不提出問題，也不解決問題；因此他們既不組織，也不建造什麼。此外，因為他們來自於某個體制，他們在這個體制中生活、勞苦、受難，並深深地浸潤在這個體制的缺陷當中。他們的渴望中帶著政權的痕跡。資本主義社會將一切導向法郎、五分錢與一分錢。這個體制建立在不平等之上；群眾表達出不平等的追討。這個體制建立在束縛之上；群眾一旦有了說話的權利，在他們彼此中間就會施行同一種束縛。我們難以想見，從群眾中自發湧現的事物，如何能與造就他們（former），或者毋寧說是敗壞他們（déformer）的體制相反。

---

2 譯註：**la bonne nouvelle**，即基督教的「福音」，指耶穌降生救贖世人的消息。此處韋伊不乏反諷之意。

3 譯註：這應該是指導致一九三六年六月七日簽署馬提尼翁協議（Accords de Matignon）的事件。事件起於法國的反法西斯左翼政治聯盟：人民陣線（Front populaire）在當年五月國會選舉勝利，並在總罷工的助力下，安排法國雇主協會、法國總工會與政府三方協議，簽訂馬提尼翁協議。在這份協議中，法國勞動者得到的權利保障包括：

(1) 合法罷工權利；

(2) 消除一切組織工會之障礙；

(3) 所有勞工的薪資提高百分之七至十二。

同時，人民陣線的萊昂．布魯姆（André Léon Blum）總理提出法案，保障了

(1) 有薪假期；

(2) 每周四十小時工時；

(3) 集體協商權。

這份協議也被稱為「法國勞動者大憲章」（The Magna Carta of French Labor）。

4 譯註：**la Commune**，指一八七一年的巴黎公社，這次事件結束於五月二十一至二十八日政府軍大肆屠殺的「血腥的一周」。

我們創造出離奇的革命觀念，用來檢視我們身邊的事物。此外，說我們創造出什麼概念，這已經說明了很多事。革命者們為何相信自己能夠知道什麼時候會有革命呢？在路障與街頭槍戰的時候嗎？在特定的某一群人建立政府的時候嗎？在合法性遭到破壞的時候嗎？在某些國有化政策的時候嗎？在資產階級大舉出走的時候嗎？在頒布消除私有財產的法令的時候嗎？這一切都模糊不清。但總之，以革命之名，我們盼望著時刻已滿，在後的將要在前[5]的時刻到了，而奴隸儘管並未放下他們的任務，卻將成為唯一的公民的時刻到了[6]，而今各種命中注定要屈服、服從並噤聲的各種社會職務，將在所有關乎公共利益的事物中，擁有發言與審議的基本權利。這並不是宗教上的預言。我們把未來描繪得像是符合歷史的正常進程一樣。這是因為對於歷史的正常進程，我們並沒有任何正確的觀念。就連我們學習歷史的時候，我們也對小學課本與年表的模糊記憶深信不疑。

我們誇耀一七八九年的例子[7]。我們聽人說，一七九九年資產階級對貴族所做的，無產階級也將做在資產階級身上，在某個未定的年份。我們想像：在一七八九年，或至少在一七八九到一七九三年之間，有一整個社會階層，從底層階級到資產階級，驅逐並取代了管理社會的那群人，也就是王公與貴族。同樣地，我們也相信在某個被我們稱為大入侵[8]的時刻，野蠻人入侵了羅馬帝國，粉碎了帝國的架構，將羅馬人貶為極低的階層，並在各處都取得統治權。無產階級為什麼不以自己的方式，做一樣的事呢？事實上，在課本裡他們確實這麼做了。根據課本，羅馬帝國一直延續到大入侵為止；在那之後，就是新的章節。根據課本，國王、貴族、教士們掌握了法國。直到人們占領巴士底監獄那天。接著，是第三等級。這是種災難的史觀，在每章的開頭或結尾強調災難，我們多年來一直吸收這樣的觀念；我們無法從中擺脫，並以此調校我們的行動。歷史課本的章節分配，帶給我們的是慘痛的錯誤。

這種章節區分與我們對過去的認識毫無對應之處。羅馬帝國的初級封建形式並未經歷暴力的替代。在帝國本身內部，蠻族早已開始占據最重要的職務，羅馬人逐漸淪落於榮譽性的或是從屬的地位，軍隊開始解體為陰謀家所支配的小集團，奴隸逐漸開始取代奴隸制，這一切都早在大入侵之前便已展開。同樣地，在一七八九年，貴族早已處於某

5 譯註：這句引自〈馬太〉，19:30、20:16、〈馬可〉，10:31、〈路加〉，13:30。
6 校註：意思是因為過去有主奴之別，現在不再有主奴之別，只有公民，因此說是唯一的公民。
7 譯註：指法國大革命。
8 譯註：Grandes Invasions，通常稱為「民族大遷徙」，約在三七五到五七七年間；蠻族大入侵是羅馬觀點的稱呼。

種近乎寄生蟲的處境。一個世紀之前，路易十四，萬人之上如此驕傲的他，在一名銀行家面前也得言聽計從。資產階級占據了國家最高階的職務，以國王的名義統治、執行職務、指揮工商企業、在科學與文學中爭取榮譽，留給貴族壟斷的只有一種，也就是對高階軍官職位的壟斷。我們還可舉出其他例子。

一場血腥的鬥爭看似讓一個政權取代了另一個，但事實上，這場鬥爭只是認可了近乎完成過半的轉型，並讓掌握權力近乎過半的一類人掌權。在這當中有種必然性。既然我們每天都得照顧吃穿、生產與交易、統領與服從，而今這一切又只能在與昨日近乎相似的形式底下進行，那要如何打斷社會生活的連續性呢？在一個表面上穩定的政體底下，社會關係結構的轉化才能緩慢地進行，才能改革各種社會類別的權利分配。一旦暴力鬥爭就算發生——儘管並不總是會發生——它所扮演的也只會是平衡的角色；將權力交給已經有些權力的人。正是因此，單就這兩個例子而言，大入侵將羅馬帝國交到蠻族手中時，他們早已從內部掌握了帝國；而巴士底監獄的占領及其後的事件，則強化了國王所建構的現代國家（l'État），並將國家（le pays）交給了資產階級，因為所有的職務已經幾乎都由他們在執行了。如果俄國的十月革命看來像是創造了什麼全新的事物，這不過是種表象；這場革命不過是加強了沙皇體制底下唯一的真實權力所在，也就是官僚體系、警察與軍隊。這類事件廢除的是不符合任何實際運作的特權，但卻不會動搖與這些特權連結的職務與權力之分派。如今，確實很可能有這麼一天，金融家、投機商、股東、收集董事席位的人、小商人、滾利息的傢伙，這所有大大小小的寄生蟲全都被清除淨盡。這確實也很可能伴隨著暴力的事件。但在工廠與礦坑的奴役底下勞苦的人們，我們要如何相信他們會突然間變成一個新經濟體制下的公民？這種做法的受益者只會是其他人。

那些宣稱自己對革命的信仰有論證基礎——甚至有科學的論證基礎——的人，他們倚賴的完全是馬克思的權威。馬克思所創的所謂科學的社會主義已然成了某種教條，和現代科學所建立的成果一樣，而人們一次接受了所有的結論，卻從未探問過方法與證明。人們寧可相信馬克思論證了未來的、下一個社會主義社會的建構，而不願到他的作品中看看我們是否能找到哪怕是一丁點論證的企圖。確實，馬克思以令人欽佩的明晰性，分析並拆解了資本主義壓迫的機制；但他論證得如此清楚，以至於我們完全無法想像，在同樣的齒輪底下，這個機制如何能終有一天自我轉化，好讓壓迫能逐漸消失……

對服從與自由的沉思

（一九三七年，春？）

最大多數人對最少數人屈膝臣服，這個根本的事實，幾乎存在於所有的社會組織中，並一直讓所有多少還能反思的人們感到驚愕。我們在自然中看到：較重的物種如何壓倒較輕的，繁殖多產的物種如何讓其他物種窒息。在人類身上，這些再明白不過的關係，卻似乎被倒轉了。確實，藉由日常經驗，我們知道：人類並不只是自然的一塊碎片，而人類身上最崇高的事物：意志、理智與信心，都日復一日地造就各種奇蹟。而在這點上也未必能夠如此。有一種殘酷的需求，要讓成群的奴隸、成群的窮人、成群的下屬一直、並將一直屈膝下跪，這種需求毫無靈性可言，與自然的一切殘忍之事差可比擬。然而這種需求所依據的法則，顯然與自然的法則相反。在「社會」這個天平上，公克似乎壓倒了公斤。

將近四個世紀之前，年輕的拉．波埃西[1]在他的《反獨夫》[2]當中，提出了這個問題。但他並未回答這個問題。是什麼動人的描述，讓我們強調這本書呢？我們這些見證了一個獨夫如何在覆蓋世上六分之一土地的國家裡[3]榨取一整代人鮮血的人！死亡肆虐時，服從的神蹟就在我們眼前爆射光芒。許多人因為害怕被一個人所殺而降伏於此人之下，這已然令人驚愕；但直到死前的那一刻，他們還服從他的命令，這該如何理解[4]？如果服從的風險和反抗一樣，那服從是怎麼維持下來的？

自從弗羅倫斯——在創造了許多其他奇蹟之後——透過伽利略，將力（force）的概念帶給人類那一刻起，對於我們生活的物質世界，我們的認識才開始發展。也只有在這之後，工業對於物質領域的安排才得以進行。而對我們這些想要改善社會環境的人而言，只要我們還無法清楚地想像社會的力（force sociale）的概念，對於社會，我們就連最粗糙的認識都不會有。一天沒有社會的伽利略，社會就一天也不會有它的工程師。此刻，在整個地球的表面上，可有一個人能夠設想——就算只是模糊地設想——為何在克里姆林宮，一個人竟然能讓俄羅斯全境內的任何一顆腦袋落地呢？

馬克思主義者們選擇了經濟作為社會之謎的解答，但這卻無助於使我們將問題看得更清楚。如果我們將社會視為某種集體的存在，那麼這隻巨獸就和所有動物一樣，主要可以透過牠如何確保食物、睡眠、抵禦風霜等——簡言之，就是以牠確保生命的方式來界定。但如果要從社會與個人的關係來看，那就不能只是透過生產方式來界定社會。我們徒勞地求助於各種精妙的思想，以論證戰爭本質上是種經濟現象，但顯而易見的是，戰爭是種破壞，而非生產。同樣地，生產條件的概念也不足以說明服從與號令的現象。當一名失業又孤立無援的老年勞工死在路邊或是垃圾堆旁時，「生存所需」的說法並不能解釋這種順服到死的屈從。群眾在經濟危機時破壞麥田與咖啡店，是同樣明白可見的例子。力的概念，而非需求的概念，才是我們理解社會現象的鑰匙。

伽利略為了理解自然，投入了高度的才能與正直，對他個人而言，這沒什麼好自傲

1 譯註：艾蒂安·德·拉·波埃西（Étienne de La Boétie, 1530-1563），法國思想家，以《自願為奴，或：反獨夫》留名於世。法國思想家蒙田（Michel de Montaigne）在《蒙田隨筆集》當中，有專文紀念拉·波埃西與他的親密情誼。

2 譯註：*Countr'Un*，全名為《論自願為奴，或：反獨夫》（*Le Discours de la servitude volontaire ou le Contr'un*），台灣華文譯本於二〇一六年由想像文化出版，孫有蓉譯。

3 譯註：指蘇維埃社會主義共和國聯邦（Сою́зСове́тскихСоциалисти́ческихРеспу́блик，縮寫為СССР），建國於一九二二年，於一九九一年解體，各加盟共和國紛紛宣布獨立。此一事件也暫時終結了從一九四七年開始為期四十四年的冷戰。

4 校註：韋伊這句話，是重述拉·波埃西在《自願為奴》當中的著名提問，只是用詞稍有改動。

的；至少，他所冒犯的只是一小撮專精於聖經詮釋的人。相反地，對於社會機制的研究，卻受到所有人的激情所束縛。幾乎沒有人不想顛覆或是保存當前的各種統領與服從的社會關係。這兩種慾望都像霧一般，遮蔽了心靈的凝視，讓人看不清歷史的教訓，這在各地身受桎梏的群眾與揮動鞭子的少數人身上明白可見。

站在呼籲群眾這邊的人，他們希望證明的是：這種處境不但極度不公，並且不可忍受，就不論短期或長期的未來而言都是如此。在其他想要保存秩序與特權的人這邊，他們想證明的是：這些枷鎖並不沉重，甚且得到群眾的同意。兩邊都在這種社會機制的極度荒謬上蒙上了一層紗，而非清楚直視這種顯而易見的荒謬，並透過分析找出這台機器的祕密。無論在什麼主題上，這都是唯一能予以反思的方法。柏拉圖說過，驚奇是智慧的父親。

既然服從的人多，並且直到苦難與死亡強加己身，卻依然服從，而下令的人少，這表示數量並不真的就是力量。數量——不論我們在想像中相信它是什麼——是種軟弱。這種軟弱屬於人們挨餓、疲憊、哀求，並且顫抖這邊，而不屬於人們生活富足、相互施恩，或發出威脅這邊。人們並不是「儘管人數眾多卻依然服從」，而是「正因為他們人數眾多所以才服從」。如果有個人在路邊和二十個人打鬥，他很有可能會被丟在路邊等死。但只要一個白人一聲令下，二十個安南[5]苦力就可能一個接著一個挨鞭子，只要一兩個帶頭的就夠了。

這個矛盾或許不夠明顯。毫無疑問地，在任何情況中，下令的都比服從的人數更少。但他們正是因為人少，所以才形成了一個整體。其他人，正因為他們人數太多，是一個一個又一個的個人，依此類推。如此一來，少數人群體中最低微的成員，其力量便首先在於他們的人數。這個少數群體在人數上，遠勝過構成多數群體的每一個個人。但這不應導出這樣的結論，即群眾的組織因此便能翻轉兩者之間的關係，因為這是不可能的。我們只有在一小群人之間才能建立某種凝聚力。超過一定數量，就只會有並列的個人，換言之，就是軟弱。

但確實，在某些時刻，情況並非如此。在歷史上某些時刻，一陣狂風吹過人群，讓他們的呼吸、他們的話語、他們的動作全都合而為一。這時候，他們無人可擋。終於，輪到權勢者體認到孤立無援、毫無防備的感覺，他們顫抖了。在描寫軍事叛亂的幾頁不朽篇章當中，塔西陀[6]完美地分析了這種現象。「一場深刻而無法平息的運動，主要的

5 譯註：今越南。

6 譯註：塔西陀（Gaius Cornelius Tacitus, c.55-117），羅馬帝國政治家，著名歷史學家，著有《歷史》、《編年史》。

徵兆是：該運動並非由少數人所傳播或操控，而是所有人作為一個整體，一同點燃怒火、一同靜默，他們同心合一，意志堅決，簡直讓人以為他們是在同一個命令底下行動的。」在一九三六年六月[7]，我們已經見證過這樣的神蹟，留下的印象至今未消。

這樣的時刻不會一直延續下去，儘管不幸的人們熱切地盼望它能永不止息。這樣的時刻無法延續下去，因為這種一致的同意，是由鮮活而普遍的情緒之火所鍛造的，它和任何有系統的行動都不相容。這種一致同意所造成的，永遠是一切活動的中止，日常生活進程的中斷。這種暫停的時間無法延長；日常生活的進程必須恢復，每天的工作還得完成。群眾再次分解為個人，勝利的記憶逐漸模糊，原本的處境，或是某種相同的處境，又一點一滴地恢復；而儘管在中間這段期間，主人可能有所改變，但屈膝服從的永遠只會是同一群人。

對掌權者而言，沒有更根本的利益，除了阻止順從的大眾彼此凝聚，或至少讓這種凝聚越少越好，因為他們無法永遠阻止大眾。一旦大量的不幸者同時受到這樣的情緒所刺激，按照事物自然的進程，就經常會造成這種凝聚；但一般而言，這種情緒就算被喚醒了，也會被某種無可救藥的無力感所抑制。維持這種無力感，是主人們狡獪的戰略中的第一要務。

人類的心智具有難以想像的彈性，會快速地模仿、快速地屈服於外在環境。服從的人，任由他人的話語決定自己的活動、痛苦、喜悅的人，他們感到自己低人一等，不是因為意外，而是因為天生如此。同樣地，在這一系列等級的另一端，也有人感到自己天生便較為優越，這兩種幻覺彼此互相強化。對於某種內在價值的意識，如果不以任何外在事物為基礎，是無法維持的，再怎麼英雄般堅定的精神也做不到。基督本人，當祂發現自己被眾人拋棄、嘲笑、鄙視，而且自己的生命被視為無物時，祂也在一時間失去了使命感；「我的神，你為何離棄我[8]？」這句呼喊還能有別的意思嗎？對於那些服從的人而言，似乎有某種神祕的自卑感，命中注定要他們服從到永永遠遠。而每次遭到他們的上級或是同伴的蔑視所留下的疤痕，無論如何細微，每一道命令他們接受的命令，特別是他們自己所完成的每一次順服之舉，都讓他們再次確認這種自卑。

任何讓這些位於社會階層底部的人感到自己有某種價值的，在某種程度上都具有顛覆性。蘇維埃俄羅斯的神話具有顛覆性，只要這個神話能讓某個被工頭給解雇的共產主

---

7 譯註：指導致一九三六年六月七日簽署馬提尼翁協議（Accords de Matignon）的事件。見〈對革命與進步等理念的批判性研究〉。

8 校註：〈馬太〉，27:46；〈馬可〉，15:34。

義工廠工人感到：無論如何，自己背後還有整支紅軍和馬格尼托戈爾斯克市[9]，這就能讓這名工人保住他的自尊。不可避免的歷史性革命的神話，也扮演著同樣的角色，雖然較為抽象；當我們孤苦無告時，有歷史站在我們這邊可不是小事。對於建制秩序而言，基督教在一開始也相當危險。它用來激勵窮人與奴隸的，並不是對財富與權勢的渴望，恰恰相反，它給他們的是某種內在的價值感，讓他們感到自己的地位並不低於甚至高於富人，而這就足以危及社會的階層體制。但它很快就自我修正，學會了在婚喪儀式上，對富人和窮人採取適合的不同做法，並在教會中將窮人趕到最後排的座位去。

社會的力量無法不靠謊言運行。人類生命中最高階的一切事物，一切思考的努力、一切愛的努力，對於建制秩序而言都具有腐蝕性。思想也完全可以合理地被一方印上革命的烙印，但被另一方印上反革命的烙印。只要思想不斷建構某種「不屬於塵世的」價值等級，它與宰制社會的力量就彼此為敵。但思想無助於試圖引發社會巨大變革或轉型的事業，但在成功之前，這些事業必然得在為此獻身的人當中，要求最多數的人服從於最少數人、要求無名的群眾鄙視特權者，以及要求對謊言的操縱。我們經常責備天資、愛與神聖，指責其試圖拆毀卻毫無建樹，而這樣的指責毫不冤枉。這於那些想要思考、想要愛、想要全然純粹地將激勵他們情感與精神的事物，置換到政治行動中的人，他們只能被割喉謀殺，甚至被自己的人民所拋棄，在死後被歷史所玷汙，如同格拉古兄弟[10]

一樣。

對於所有熱愛公眾福祉的人而言，這樣的處境，殘酷而無可救藥地撕裂了他們的心靈。我們不可能不弄髒自己的手，或是不預先注定失敗的命運，就參與推動歷史的力量所演出的戲碼，就算只是遠遠地參與也毫無可能。我們也完全不可能躲避到麻木或是象牙塔中，除非我們極度缺乏意識。社會民主黨人詆毀對「兩害相權取其輕」此一公式的應用，但這卻是我們僅存可用的做法，條件是：必須透過最冷酷的清醒予以運用。

社會秩序，無論有多麼必要，本質上都是惡的，無論是什麼樣的秩序。我們無法指責那些為了盡可能顛覆此一秩序而被碾碎的人；他們若是順服，那不會是出於德性，相反地，是因為他們內在剛強的德性被某種羞辱給撲滅了。至於那些組織社會秩序的人，我們也不能指責他們捍衛社會秩序，也不能將他們想像成暗中陰謀反對公共福祉的人。公民同胞之間的鬥爭並不來自於理解或是善意的缺乏；這些鬥爭乃是出於事物的天性，

9 譯註：Magnitogorsk，俄語「磁山城」，建城於一九三一年，因史達林的蘇聯五年計畫而升格為城市，是主要的工業城。

10 譯註：指提比略．格拉古與蓋尤斯．格拉古（Tiberius and Gaius Gracchi），公元前二世紀羅馬共和國平民派領袖，曾當選保民官，並領導改革，但兩人皆遭暗殺。

無法平息，只能由強制來撲滅。對於所有熱愛自由的人而言，他們的消失都不合乎我們的願望，只能期望他們所面對的不是毫無限制的暴力。

論馬克思主義的矛盾[1]

（一九三七年末？）

在我看來，之所以必須重新審視馬克思主義，並不是因為各式各樣的事件，而是馬克思的學說本身包含著各種漏洞與不一致之處，以至於他的學說一直扮演不了人們希望它扮演的角色；這並不表示在馬克思的時代及其後，有建立起什麼更好的學說。我做出的評判是如此斷然、並且肯定令人感到不悅，乃是出於我個人經驗的回憶。在青少年時期，我第一次閱讀《資本論》，而我立刻就發現了其中某些重大的漏洞與矛盾。這些問題如此顯而易見，以至於讓當時的我無法信任自己的判斷；我告訴自己，有這麼多偉大的心靈投身於馬克思主義，他們肯定也意識到了這些明顯的不一致與漏洞；因此，在其他馬克思主義學說的作品中，他們肯定填補了這些漏洞，解決了那些矛盾。多少年輕的

1 校註：根據全集版，本文是西蒙・韋伊回覆全國社會主義學生聯會的月刊《評論與戰鬥》（*Essais et combats*）的文章。月刊問卷要求受邀者思考「革命性地重審馬克思主義的諸要素」。

心靈，因為對自己缺乏信心，就此撲滅心中最合理的懷疑呢？至於我，在後來的年歲裡，不論是研究馬克思主義文獻、馬克思主義政黨或是頂著這個名號的政黨，以及各種事件本身，這些都只能讓我肯定我青少年時期的判斷。因此，我認為，馬克思主義的學說並非相較於事實有所不足，而是這個學說本身就有缺陷；應該說，我認為馬克思、恩格斯以及所有視他們為指引的人的所有作品，都無法構成一種學說。

在馬克思的分析方法和他的結論之間，存在著某種顯見而刺眼的矛盾。這並不令人意外：他在找出方法前，就先得出了結論。馬克思主義作為一種科學的要求因而顯得相當可笑。馬克思出於高貴的情操，在年輕時就已成為革命者；他這個時期的觀念倒是充滿人性、清晰、自覺、經過思考的，甚至更甚於他人生中後來的思想。後來，他試圖建立一種研究人類社會的方法。他的精神力量不容許他捏造某種方法的簡單塗鴉；他看見或至少瞥見了某種真正的方法。他為思想史做出了兩個貢獻：他在年輕時便瞥見到一種社會理想的新樣式，以及在他年歲成熟後，他瞥見到一種全新或是部分新穎的歷史詮釋方法的樣式。這為他的天才給出了雙重的證明。很不幸地，正如所有個性強烈的人一樣，他令人反感地讓革命家與智者兩個人繼續待在他裡面，同樣令人反感的是某種偽善，要求擁護某個理想卻不需以行動相伴，此外卻又對他自己的思想極度欠缺審慎，就這樣，他堅持將自己的方法當作工具，以預言某種符合他的願望的未來。為此，他就不得不在方法與理念上加幾筆，將兩者都扭曲了。在造成這種扭曲的思想懈怠中，這個不從眾的人（non-conformiste），卻放任自己無意識地跟從（conformité）他的時代裡基礎最薄弱的迷信，也就是對生產的崇拜，對大工業的崇拜，以及對進步的盲目信仰。他就這樣鑄下的錯誤，不論是對科學精神或是革命精神而言，都是既嚴重又持久，甚或是無可彌補，總之難以修復的錯誤。我不相信我國的工人運動能回復活力，只要他們不在馬克思與馬克思主義者（我不是指他們的學說）與之鬥爭並極端鄙視的事物當中，尋求某種激勵[2]的泉源，而這就是在普魯東、在一八四八年的工人集結當中、在工會傳統中、在無政府精神當中。至於學說，在最好的情況下，也只有未來才能給出某種學說，而非過去。

馬克思的革命概念可以如此表述：一場革命誕生於革命近乎完成的時刻，也就是在一個社會的結構不再能對應其制度的時刻，才會導致制度改變，被其他反映了新結構的制度所取代。特別是，革命將權力給社會中的某部分人，這些人就算受體制所迫，卻還是在革命來臨之前扮演最積極的角色。一般而言，經常遭到誤解的「歷史唯物論」，指

2 校註：激勵（inspiration），亦是靈感，是韋伊特別關注的概念，這在她的《扎根：人類責任宣言緒論》的最後一部分，有較深入的闡述。

的是制度將由人與人之間實際上的關係機制所決定，而人與人之間的實際關係本身，則取決於人與自然的關係在每一刻所採取的形式，亦即生產得以完成的方式；可消費財的生產、生產工具的生產，以及——重點，儘管馬克思並未深究——戰爭工具的生產。人們並非受命運擺布的無力的玩物；他們是極其積極的存在；但他們的積極性，在每一刻都受限於他們自己社會的結構，結果便是，他們只有先改變自己與自然的關係，才能反過來改變這個結構。社會結構永遠都只能以間接的方式改變。

另一方面是對當前體制的分析（散見於馬克思的許多著作），對於工人所承受的殘酷壓迫，這種分析並不認為是出自於人或是各種制度，而是出自於社會關係的機制本身。工人之所以在疲勞與貧窮中被榨乾，是因為他們什麼都不是，而企業的發展卻是一切[3]。他們什麼都不是，因為他們大部分人在生產中所扮演的角色，就只是個簡單的齒輪的角色，而他們之所以被貶為齒輪的角色，是因為心智勞動與體力勞動分開了，也因為機械化的進展，剝奪了熟悉技術者的特權，又將這特權交給了無生物。企業的發展是一切，因為競爭的刺激不斷迫使企業擴張以求生存，這樣就「倒轉了消費與生產之間的關係」，「消費不過是種必要之惡[4]」；如果工人們不碰自己勞動的價值，結果只會造成「主體與客體關係的倒轉」，將人獻給無生命的設備作為祭品，這使得生產工具的生產變成最高的目的。

國家（l'État）的角色也引出了類似的分析。如果國家具有壓迫性，如果民主體制是種圈套，那是因為構成國家的是三個長久存在的部門，三個自我增補、有別於人民的部門，亦即軍隊、警察與官僚。這三個部門的利益有別於人民的利益，並且與之對立。因此「國家機器」（machine de l'État）在本質上就是壓迫性的，若是不碾碎公民，它的齒輪就無法運作；任何善意（bonne volonté）都無法讓它變成某種公共善的工具；若不破壞它，我們便無法阻止它施行壓迫。而且——在這點上，馬克思的分析並不那麼嚴謹——國家機器施行的壓迫與大型工業所施行的壓迫彼此混同；這個機器自動地服務於最主要的社會力，即資本，換言之，即工業企業的設備。為了工業設備的發展而犧牲的人，亦即無產階級，也是承受著國家一切殘暴的人，而國家透過強力，迫使他們繼續當企業的奴隸。

3 校註：「他們什麼都不是，而……是一切」，呼應著〈國際歌〉（一八七一）第一段歌詞中的這句「我們什麼都不是，而我們將成為一切」，而這句話是出自法國大革命時期的著名政論小冊子《什麼是第三等級？》（一七八九），作者西耶斯（Abbé Sieyès）在這本書中提出的著名口號：「第三等級是什麼？是一切！第三等級在政治上算什麼？什麼都不是！」

4 校註：根據全集版，該引文出自《資本論》〈第七部，第二十三章〉。

結論是什麼？結論自然出現在我們心裡：這一切都不是革命能廢除的；相反地，這一切都應該要消失於革命發生之前；或者，如果發生了革命，那也不過是場表面的革命罷了，即一場絲毫不會傷及壓迫，甚至還會加重壓迫的革命。然而馬克思做出的結論正好相反；他的結論是：帶來解放的革命，其所需的社會已然成熟。別忘了，他相信即將發生這樣的革命，距今已經將近百年了。無論如何，在這點上，許多事件明顯與他的觀點不符，在歐洲與美洲顯然如此，在俄羅斯更是顯眼。但事件的矛盾幾乎毫無用處；就連在馬克思的學說裡，矛盾都如此顯著，以至於我們訝異於他和他的朋友以及他的信徒們，竟然都沒意識到這些矛盾。壓迫的因素與社會生活的機制本身如此密切相關，這些因素要如何突然消失呢？在大型工業，亦即機器與體力勞動貶值的條件下，工人們除了當工廠裡的齒輪之外，還能是別的什麼呢？如果他們一直都只是一顆齒輪，他們又怎麼能同時變成「統治階級」呢？在這些戰爭、監視與管理的科技底下，軍事、警察、行政的職務，又怎麼能不再是「有別於人民、長久存在的部門」的特性、專業及固有特徵呢？還是我們得採納某種工業、機器、技術，與體力勞動、行政技術與戰爭技術的轉型呢？但這樣的轉型是緩慢而漸進的；它不會由一場革命所造成。

我們可以肯定，這些問題直接衍生自馬克思的分析，而不論是馬克思、恩格斯，還是他們的追隨者們，對這些問題都沒給出過哪怕是最簡短的回答。他們安靜地略過這些問題。只有在一個地方，馬克思和恩格斯曾經指出某種可能的過渡，從所謂資本主義的體制過渡到某個更好的社會；他們相信自己清楚理解到，競爭的發展本身，會在短時間內讓競爭自動消失，並同時讓資本主義所有制消失。確實，他們親眼見證到企業的集中化，一如我們還在見證的一樣。在資本主義體制底下，競爭讓擴張變成了企業的目標，而人作為生產者或是消費者，則只是個工具，因此，他們便認為競爭的消失就等同於整個體制的消失。但他們的論證在一個點上錯了：競爭，亦即大吃小的事實，將逐步減少競爭的數量，但我們不能就此做出結論，認為這個數量總有一天會減少到只剩下一個。此外，馬克思和恩格斯在他們的分析中，忽略了一項因素；這項因素就是戰爭。馬克思主義者從未分析戰爭現象，或是戰爭和體制的關係；因為單是宣稱資本主義者的貪婪會是戰爭的起源，我不能把這叫作分析。多大的疏漏！而對於一個自稱科學，卻造成如此重大疏漏的理論，它還能有什麼樣的信譽呢？但既然工業生產在我們這個年代不單是財富增長的主要工具，也還是軍事戰爭的主要工具，結果就是工業生產不單屈服於企業間的競爭，它還屈服於另一種更緊急也更迫切的競爭：民族間的競爭。這種競爭，如何消滅？應該像另一種競爭一樣，透過逐步消除各種競爭，來消除這種競爭嗎？為了要能夠對社會主義抱持盼望，我們難道要等到世界屈服於「偉大的日耳曼和平」或是「偉大的日本和平」的那天嗎？這天就算終將到來，亦非唾手可及，而號稱社會主義的各個政黨

在的東西，而從來沒有馬克思主義這種東西，只有許多無法調和的斷言，某些理據充足，其他則否；不幸的是，理據最充足的斷言最不討人喜歡。人們還問我們：這樣的修正是否應該具有革命性。但我們對革命性的理解是什麼？這個字眼遭到了各式各樣的詮釋。具有革命性，意指盼望在不久的將來，會有一場蒙福的災難[5]，一場天搖地動將在大地上實現福音書部分的許諾，並最終給我們一個「在後的將要在前[6]」的社會？如果是這樣，那我就不是個革命者（**révolutionnaire**），因為一個這樣的未來，雖然令我心蕩神馳，但在我看來卻是不可能的，至少完全是沒什麼希望可言；而我並不相信如今有誰會有什麼堅實、嚴肅的理由，能做一個這種意義上的革命者。

或者，身為革命者，意指受到願望的呼召，以行動直接或間接地幫助一切能夠減輕或除去壓碎眾人的重負、貶低勞動價值的鎖鏈，並拒絕各種謊言，免得被人們用以掩飾或執行對最大多數人的系統性羞辱？這樣的話，這指的就是某種理念、某種價值判斷、某種意志，而非某種對人類歷史與社會機制的詮釋。在這種意義上，革命精神和壓迫本

5 校註：bienheureuse，或譯真福，在天主教的語彙中，指被天主教廷封聖的地位。考慮到韋伊與基督信仰的關係，此處顯然是意有所指。

6 校註：見〈馬太〉，19:30、20:16；〈馬可〉，10:31；〈路加〉，13:30。

身一樣古老，並和壓迫一樣持續存在，甚至存在得比壓迫更久，因為，就算壓迫消失了，革命精神也得繼續存在，以免壓迫再度出現；革命精神是永恆的，無須修正，但我們可以豐富它、磨利它，讓它免於一切可能會掩蓋或改變它的陌生影響。這是永恆的反抗精神，激勵著羅馬的平民，在十四世紀末，他們幾乎同時受到這種精神的鼓舞：弗羅倫斯的羊毛工人、英國的農夫、根特的工匠……他們可以從馬克思的作品中獲得、領會到什麼呢？能獲得的正是人們在所謂的馬克思主義中幾乎遺忘了的事情：給予生產活動某種榮耀，視之為至高的人類活動；能夠充分實現人類偉大之處的社會肯定只有一個，就是在勞動中運用一切人類的能力，將勞動者置於最高地位的社會。在馬克思青年時期的作品中，我們看到某些關於勞動的抒情文句；我們在普魯東的作品中也能看到；我們在許多詩人、像是歌德和維爾哈倫[7]的作品中也能看到。這些嶄新的、純屬我們時代的詩，提出了這個時代首要的偉大何在，這些詩絕不應該被遺忘。這些詩讓被壓迫者想起了他們的祖國，即盼望。

但除此之外，馬克思主義則嚴重地扭曲了反抗精神，在我們國家，這種精神曾經在上個世紀迸發出耀眼的光芒。馬克思主義同時混合了名不符實的科學金縷衣、彌賽亞式的雄辯，以及某種扭曲慾望的釋放。沒有什麼能讓人向工人宣稱：科學站在他們那邊。對他們而言，就像如今對所有人一樣，科學是在一個世紀之內，透過工業技術改變了世界容貌的神奇力量；當人們對他們說：科學站在你們這邊，他們會立刻相信自己擁有了某種無限的力量泉源。但科學完全不是這樣的東西。在千差萬別的共產主義者、社會主義者或是工會主義者當中，我們找不到任何對我們的社會及其機制的認識，是比資產階級、保守主義者或是法西斯主義者更清楚而準確的。就算工人組織擁有某種知識上的優越性（但這完全不是事實），這些組織也不會因此就能掌握行動所不可或缺的工具；事實上，如果沒有技術方法，科學就什麼都不是，而且科學無法提供技術方法，它只是讓人能使用這些技術。而支持科學能容許甚至預測工人大義的下一個勝利，那是更大的錯誤；科學不是這樣的，我們也無法真誠地相信科學是這樣的，如果我們不堅持緊閉雙眼的話。同樣也沒有什麼能讓我們向工人宣稱：他們有種使命，某種像馬克思說的那種「歷史任務」，某種落在他們肩上的拯救乾坤的使命。假設他們有這樣的使命，並不比假設古代的奴隸或是中世紀的農奴有這樣的使命更合理到哪裡去。和奴隸一樣，和農奴一樣，他們都是不幸的，而且他們的不幸是不正義的；他們捍衛自己是好的，他們若能得到解放，則是美好的；對此也就只能說這麼多了。而我們以宗教和科學的陳腔濫調混

7 譯註：此處指的是維爾哈倫（Emile Verhaeren, 1855-1916），比利時法語詩人，象徵主義詩派，對俄羅斯象徵主義運動也產生過影響。他亦為比利時工人黨黨員。

合而成的語言，將這些錯覺傾注在他們身上，而這對他們而言是致命的。因為這些錯覺讓他們相信：事情不會太難，在他們背後推動他們的，是我們稱為進步的現代神祇，為他們出大能力的，是我們稱為歷史的現代神意。說到底，沒有什麼能讓我們向他們承諾，在為了解放而付出一切努力之後，喜悅與權力終將到來。某種膚淺的冷嘲熱諷已然嚴重傷害了高貴的理想主義，以及十九世紀初近乎苦修精神的社會主義團體的聲譽；這導致的只會是勞動階級的降格屈膝……

一九四三年倫敦斷簡

一

對立力量之間的相互碰撞，就是物質內部矛盾的形象。這是種通過矛盾、向善進發的運動，按照柏拉圖的描述，這種運動是有能力思考的受造物[1]，在超自然的恩典的幫助下進行的，而馬克思則將這種運動全然單純地歸因於物質，但卻是某種特定的物質：社會物質。

讓他震驚的事實是，各個社會群體都打造了自己的道德，為己所用，這些道德讓他們的特定活動能不受邪惡的侵襲。因此，有戰士的道德、商人的道德，依此類推，而這些道德的首要條款，就是否認在我們按規則發動戰爭、進行交易的時候，會犯下任何邪惡。甚者，一切社會上通行的思想，不論是什麼樣的思想，都受到該社會之宰制團體的特定道德所影響。這個事實從未被忽視，例如，柏拉圖對此就有清楚的認識。

1 校註：指人。

我們認識到這個事實的時候，可能會有許多回應方式，端看道德焦慮的程度有多深。我們可以在他人身上發現這個事實，在自己身上卻視而不見。這不過是表示：我們將自己所屬的圈子的特定道德，當成是絕對的道德予以採納。然後我們就心安理得了。然而，從道德的觀點來看，我們卻是死了。這種狀況極常出現。或者，我們可以體認到所有人類在精神上可悲的軟弱。如此一來，苦惱便攫住了我們。有些人為了逃避這樣的苦惱，可以任憑「善」與「惡」等字眼失去一切意義。這些人在經過一段或長或短的時間之後，就會開始腐敗，化為朽爛。蒙田若是沒有他的斯多噶派朋友，或許就會這樣。其他人則在焦慮與絕望中，追尋一條道路，以脫離相對道德的領域，並認識絕對的善。在這些人當中，我們可以叫出幾個重要性無可比擬的靈魂，包括柏拉圖、巴斯噶，以及——不論他的出現有多怪異——馬克思。

真正的道路是存在的。柏拉圖和許多其他人都走過這條路。但這條路只對某些人敞開，他們自知無能找到這條路，不再尋找，然而卻又無法停止渴望這條路，並且除此之外別無所求。這些人得以將善作為食物，這種善不屬於塵世，因此就不屈服於任何社會的影響。這是〈主禱文〉的原文當中所提及的超驗的麵包[2]。

馬克思要找的是別的東西，而他也相信自己找到了。每個特殊群體都試圖將自己的存在假定為某種絕對的善，出自這些群體的就只會是道德的謊言，因此他告訴自己：等到不再有特殊群體的那天，這些謊言也將消失。他全然武斷地假設，各種社會力量之間的碰撞，終有一天將自動導致各個群體的毀滅。他不能自禁地感覺到，對正義與真理的知識，應是屬於人類的，而對這類知識的慾望過於深刻，不容拒絕；他合理地認識到，任何人，無一例外，都沒有足夠的力量，能逃離毒害社會生活的各種謊言的因素；而因為他忽視了有這樣的泉源存在，能降下力量在全然謙卑地渴求這種力量的人身上，於是他便假定：社會藉由自動增長的過程，會排出自身的毒素。他如此假定毫無理由，只是他沒有其他的辦法而已。

這是因此，他在著作中才經常否定真理、正義與道德價值等觀念。社會已然受到毒素侵蝕，因此沒有人能夠觸及真理與正義。口中說出這些字眼的人，不是在說謊，就是上了騙子的當。想為真理服務的人只有一個辦法，就是讓通往無毒社會的機制加速運作。用什麼方法來達到這個結果並不重要；只要有效，就是好方法。就這樣，馬克思就

2 譯註：此處指的是主禱文當中的這句話「我們日用的飲食，今日賜給我們」（和合本聖經）或「求祢今天賞給我們日用的食糧」（天主教白話文版本），這句當中的「飲食」或「食糧」，在英文和法文中都是「麵包」（bread/pain）。之所以說是「超驗的麵包」（le pain transcendant），是因為主禱文開頭說的是「我們在天上的父」，接到這句「求祢今天賞給我們日用的食糧」，是天上賞賜的。

像他那年代的生意人以及中世紀的戰士們一樣，得到了某種道德，這種道德將他自己所屬的社會類別（即專業革命者）置於罪惡之上。他陷入了自己努力要避免的弱點，正如所有試圖在沒有道德力量之處尋找道德力量的人一樣。

至於這個能產生樂園的機制，其本質究竟如何，他只提出了某種近乎幼稚的論證。當一個宰制群體停止宰制時，就會被先前必然處於較低地位的群體所取代。藉由重複這個過程，社會的發展終將把最低階的群體拉到最高處。這樣一來就不再有低處、不再有壓迫、不再有對立於普遍利益的集團利益、不再有謊言。

換言之，強力（la force）轉手的演變結束後，終有一天，強力將會站到依然處於弱勢的弱者這邊。這是個特別荒唐的外推法傾向的例子，而這正是十九世紀的科學與所有思想的瑕疵之一，在那個年代，除了純數學家之外，人們都對限度的概念視而不見。

強力縱然轉手，最強者與最弱者的關係——即宰制的關係——依然會繼續存在。強力可以無限轉手，但這種關係卻絲毫不會消除。在政治轉型的時刻，那些準備好掌握權力的人，已經有某種強力，亦即某種宰制最弱者的力量。如果他們絲毫不擁有這種力量，權力就不會落到他們手上，除非強力之外的有效因素能夠介入；這正是馬克思所無法接受的。總的來說，馬克思的革命唯物主義的重點在於，一方面支配社會關係的只有強力，另一方面是總有一天，弱者儘管還是弱者，卻還會是最強者。他不相信超自然，卻相信神蹟。從純然理性主義的觀點來看，如果我們相信神蹟，我們最好也相信神。

存在於馬克思的思想深處的，是某種矛盾。這並不表示沒有矛盾（non-contradiction）就是真理的判準。恰恰相反，正如柏拉圖所深知的，矛盾是正在湧現的思想所獨有的工具。但對矛盾的使用，有合法與不合法的分別。不合法的使用是將無法相容的斷言當成相容的斷言結合起來。合法的使用是：當人類的理智必須接受兩種不相容的真理時，承認這兩者本身，將它們當成鉗子的雙夾，作為工具，讓我們間接地接觸到理智所無法接觸的超驗真理的領域。在這樣的運用底下，矛盾便在基督教的教義中扮演了重要的角色。像是三位一體的例子，就能輕易說明這點。矛盾在其他傳統中也扮演著類似的角色。這或許是個判別宗教或哲學傳統是否貨真價實的標準。

人類處境的根本矛盾在於：人屈服於強力，卻渴求正義。他屈服於必然性，卻渴求善。屈服的不單是他的身體，還有他的所有思想；但人的存在本身，卻是一種趨向善的存在。正是因此，我們所有人都相信：在必然性與善之間有某種合一（unité）。有些人相信：人類關於善的思想，在塵世擁有最高程度的強力。這些人被稱為理想主義者。他們犯了雙重的錯誤，首先是這些思想並不具有力量，再者是這些思想並不能掌握善。這些思想受到強力的影響，以至於這樣的態度，終究只是複製了與其相反的態度，並且能量更低。另外有些人相信強力本身便是朝向善的。這些人是偶像崇拜者。所有尚未墮入麻木狀態的唯物主義者，信仰的就是這個。他們也犯了雙重的錯誤；首先是強力既不認識也不在乎善，再者是強力並非永遠在所有地方都是最強的。只有求助於某種不可理解的思想的人，即相信在必然性與善之間，亦即在實在與善之間，存在著某種不屬於此世的合一的人，能避免這些錯誤。這些人也相信，有某種出於這種合一的事物，能傳達給那些將自己的專注與渴望導向這種合一的人。這種思想更加難以理解，但卻在實驗中證實過。

馬克思是個偶像崇拜者。他將未來的社會當作偶像崇拜的對象；然而，正如同所有的偶像崇拜者需要一個當下的對象，他將自己的偶像崇拜轉向社會中的某個部分，某個他相信正要帶來他所期盼的轉變的部分，也就是無產階級。他將自己視為這個階級天生的領導者，至少是理論上和總體策略上的領導者；但在另一層意義上，他又相信自己接受了無產階級的光照。如果當時有人問他，既然所有的思想都臣服於力量的消長，那他自己，馬克思，以及許多他的同時代人，為何不斷思考一個徹底正義的社會，這對他而言不難回答。在他看來，這是正在進行的轉變所造成的，儘管轉變尚未完成，但已然開枝散葉到某種程度，足以反映在某些人的思想中。對於當時的工人們是如何火熱地巴望著徹底的正義，他也用同樣的方法予以詮釋。

在某個意義上，他是對的。幾乎所有當時的社會主義者，包括他自己，儘管弱者激發了他們的同情，但如果沒有與強力的表象相連的魅力，他們都無法站在最弱者的身邊。這魅力並不來自於某種猜想中的未來，而是來自於不久之前的過去，來自於法國大革命的某些光輝燦爛的凱旋場景。

事實證明，人類的思想——正如馬克思所認為的——幾乎總是由社會道德的謊言所打造的。幾乎總是如此，但並不總是如此。這同樣是肯定的。在二十五個世紀之前，某些我們甚至連名字都不知道的希臘哲學家，早已斷言了奴隸制是絕對反理性與反自然的。如果道德會隨著時間與國家而更迭是不證自明的，那道德直接源自於合一、同一而永不改變的奧祕，這也是不證自明的。我們可以證實這點，只要詳看埃及、希臘、印度、中國、佛教、穆斯林傳統、基督教，以及世上各國的民俗即可。這種道德永不朽壞，因為它反映了超乎塵世的絕對善。確實，所有的宗教無一例外，都將這種道德與社會道德調製成各種混合劑，比例各有不同。但這種道德還是某種此世的實驗性證據，證明了純粹而超驗的善是真實存在的；換句話說，是上帝存在的實驗性證據。

二

馬克思真正最重要的成果，是將他的研究方法，應用到對周遭社會的研究中。他精準地定義了強力與社會之間的各種關係。他說明了工資是種壓迫形式，工人則不可避免地成為生產體制的奴隸，在這個剝除了知識與熟練技術的體制中，工人面對凝結於機械中的、科學與自然力之間神蹟般的結合，被削減到近乎毫無價值。他也說明了組成國家的那些人與人民判然有別，他們是官僚、警察與軍隊幹部，因此，國家本身就是台機器，會自動碾碎自己號稱代表的人民。他意識到經濟生活本身將日益變得集中化與官僚化，從而拉近生產方面的領導者與領導國家的人之間的距離。

在這些前提上，他應該能預見到集權國家的現代現象，以及圍繞著這個現象所產生的各種學說。但馬克思卻希望這架陰沉的機器能帶來正義。這就是為什麼他並不想要預見未來。他採納了最明顯不過、與他自己的原則最為相悖的荒謬觀點。他假設：儘管一切都受到力的支配，但缺乏力量的無產階級還是能完成政治上的政變，緊接著採取某種純屬法律的手段，也就是廢除私人財產，並由此在所有的社會生活領域中成為主人。

然而根據他自己的描述，無產階級被剝奪了一切，他們剩下的，只有可操持奴才工作的羸弱雙臂，以及對正義如火燒喉嚨般的飢渴。他說明過，各種自然的力量如何在機器的引導下，被工業企業的主人們所壟斷，將單純的身體力量削減到近乎毫無價值；現代文化又如何在體力勞動與心智勞動之間設下深淵，將工人的精神流放到各種無價值的客體當中；手工技術本身又是如何從人身上被奪去，轉移到機器身上。他以毫不留情的明晰性，讓人看見了：是這種技術、這種文化、這種勞動與社會生活的組織方式，構成了持續奴役工人的鎖鏈。同時他又希望能相信，在無損於這一切的情況下，無產階級將能消滅奴役，獲得領導權。

這種信仰同樣對立於馬克思的唯物主義定見，以及他的思想中較為穩固而經得起考驗的部分。這直接得自於他最深刻的分析，即生產、智性文化、社會組織等方面的轉變，全都應該先於政治與司法上的劇變，就像一七八九年革命[3]的例子一樣。但馬克思不想明白這個再明白不過的結論，因為這個結論與他的慾望相違背。為了同樣的理由，我們也不用擔心他的門徒會明白這個結論。

至於馬克思主義對歷史的解釋，這也沒什麼好說的，因為根本就沒有這樣的東西。沒有任何根據生產工具的發展來解釋文明如何進化的嘗試。甚者，當馬克思提出階級鬥爭作為歷史的關鍵時，他甚至未曾試圖證實這是唯物主義解釋的原則。這絕對不是不證自明的。人類靈魂對自由的嚮往、人類靈魂對權勢的覬覦，同樣都可作為精神秩序的事實加以分析。

3 譯註：指法國大革命。

藉由將「階級鬥爭」的標籤貼到這些事實上，馬克思僅只是以某種近乎幼稚的方式，將事情給簡化了。他忘了在人類歷史上，還有個和社會鬥爭一樣重要的要素，也就是戰爭。同樣地，在戰爭所提出的任何問題面前，馬克思主義者們總會感到某種荒謬的不安。再者，這種遺忘是整個十九世紀的特色；而透過這種遺忘，馬克思便又提供了一個證明，即面對他那個世紀的宰制勢力，他在智力上屈服了。他同樣想要忽略的是，被壓迫者之間的鬥爭、壓迫者之間的鬥爭，都和壓迫者與被壓迫者之間的鬥爭一樣重要，而且，更常見的是，一個人經常同時是壓迫者與被壓迫者。他將壓迫置於自己作品的中心，但卻從未試圖加以分析。他從未問過自己那是什麼。

馬克思主義在政治上驚人的成就，首先得自於這兩種貧乏、粗略而互不相容的學說的並置。滿足自身對正義的飢渴，這樣的盼望，總是被人建立在上帝之上。一旦神離開了人的靈魂，這樣的希望就必然失落，不然就得建立在物質之上。人無法承受自己作為唯一渴望善的存在。他得有個強大的盟友。這位盟友若不是精神，就是物質。這只是同一種根本思想的兩種不同的表述。有缺陷的只是第二種表述。這是種粗製濫造的宗教，但它依然是種宗教。因此我們無須訝異於馬克思主義總是帶有某種宗教特性。它和馬克思抨擊最力的各種宗教生活的形式，擁有許多共同之處，特別是——借用馬克思的箴言來說——兩者最常見的用途，就是作為人民的鴉片。但這是種毫無奧祕的宗教，按著這個詞真正的意義來說。

不單是一般的唯物主義，就連專屬於馬克思的那種唯物主義，都確保了他的巨大影響力。十九世紀時，人們相信：工業生產是人類進步的關鍵。讓企業主們能夠絲毫不受良心譴責，就讓一代又一代的孩子們疲累致死的思想，正是經濟學家的論點。馬克思只是承納了這種思想，再轉給了革命陣營，並由此為某種極為特殊的資產階級革命的出現做準備。

但將馬克思的作品用到極致，這是留給我們這個時代的工作。他作品中理想主義的、烏托邦式的學說彌足珍貴，能夠激勵群眾挺身而出，讓他們支持某個政黨掌權，讓青年維持經久不衰的熱情狀態，這對所有集權政體而言都是必要的。同時，他作品中的另一種學說，將所有人性的渴望都凝結於力量的金屬般的冰冷之下的唯物主義學說，為某個集權國家在面對人民畏縮的渴望時，提供了大量的絕妙回答。總的來說，將同樣粗略而粗糙的理想主義與唯物主義並置，這就是我們這個時代的精神特徵（如果我們敢用這個詞的話）。

這樣一種思想的缺陷並不在於唯物主義與理想主義的結合，因為這兩者確實應該予以結合。其缺陷在於將這種結合的地位放得太低；因為這兩者的合一在於某個高於蒼天，外於塵世之處。

在馬克思那裡，有兩樣東西是堅不可摧的。第一樣，是將社會作為科學研究對象，並試圖以力的關係來界定社會的方法；另一樣，則是對資本主義社會按照它在十九世紀時存在的樣貌所做的分析。其餘的一切不單是不真實，甚且還過於不可靠、過於空洞，連說有錯都有困難。

馬克思忽略了靈性的因素，因此，對於一個總的來說不留任何空間給這些因素的社會，他做分析時犯錯的風險就不會太大。實際上，馬克思的唯物主義所表達的，只是這個社會施加在他身上的影響；他的弱點在於：就思想如何從屬於經濟條件這個命題而言，他讓自己變成自己的命題的絕佳例證。但他在生命中某些最美好的時刻，他自己也曾克服過這些弱點。在這些時刻，唯物主義令他感到憎惡，他將它烙在那個時代的社會之上。在說出「資本主義的本質在於主體對客體、人對物的屈從」時，他發現了某種無從超越的公式。他從這個觀點所做的分析，具有無可比擬的力量與深度；甚至於到今日，特別是在今天，這個分析依然無限珍貴，值得深思。

但是更為珍貴的，則是一般性的方法。設計某種社會關係的機制，這點許多清醒的腦袋早就嘗試過了。這無疑是馬基維利的思想。就像在確切意義上的機制當中一樣，力才是根本的概念。最大的困難在於掌握這個概念。

在這樣的思想中，沒有什麼是和最純粹的靈性無法相容的。最純粹的靈性概念補足了這樣的思想。柏拉圖將社會比擬為一頭巨大的野獸，人類被迫要服侍牠，因軟弱而崇拜牠。基督教在許多方面與柏拉圖如此相近，它不單是包含了同樣的思想，也運用了同樣的形象；〈啟示錄〉的獸和柏拉圖的巨獸是姊妹。設計某種社會機制的意思是，不崇拜獸，卻研究獸的解剖學、生理學、反射動作，特別是要試圖理解其條件反射的機制，亦即尋找某種馴獸的方法。

柏拉圖的根本思想——同時也是基督教的根本思想，但卻已被人們所遺忘了——即人無法避免徹底屈服於獸的奴役，甚至連他的靈魂最隱密的核心都屈服，除非他被神恩的超自然活動所解放。靈性的奴役就在於混淆必然性與善；因為「我們不知道在必然性的本質與善的本質之間，相隔的距離有多遠。」

獸有其學說，即力量的學說。按修習底德所引述的，有些雅典人曾經直截了當地、以令人讚嘆的明晰性，表述過這種學說，在他們向那些乞求他們憐憫的可憐人所說的話中：「就神而言，我們按照傳統，相信諸神，就人而言，我們根據無可置疑的經驗來認識人，即任何人，不論在什麼地方，出於自然之必然，只要有號令的權力，就會發號施令。」我們看得很清楚，這些雅典人才剛成為獸的崇拜者沒有太久，他們的祖先並不認識這種崇拜；這種崇拜真正的虔信者完全不會表達這種學說，他們只會透過行動表達。為了合理化這種行為，他們發明了各種偶像崇拜。

相對於這個學說，在神聖方面，則是道成肉身的教義。「他本有神的形象，不以自己與神同等為強奪的，反倒虛己，取了奴僕的形象（……）存心順服，以至於死[4]。」在塵世（ici-bas），獸是主宰。魔鬼對耶穌說：「這一切權柄、榮華，我都要給你，因為這原是交付我的[5]。」僅靠力量關係運作的社會，其一切幾乎都包含在這個描述中了。除了超自然之外，什麼也沒遺漏。

超自然在塵世的部分是隱密的、沉靜的、近乎不可見又無限細微的。但卻是堅定決絕的。普洛塞庇娜[6]不相信單是吃下一顆石榴子就會改變她的命運；但從那一刻起，直到永遠，另一個世界都將是她的祖國與王國。

這種無限細微者堅定決絕的作用，是種人類的理智難以接受的悖論。正是藉著這個悖論，柏拉圖所說的智慧的說服才得以產生，而透過這樣的說服，神聖的神意將必要性引入世界，將大部分的事物引導向善。

自然作為神聖真理的鏡子，在各處展現這個悖論的形象。例如催化劑和細菌。和一個具體的物體相比，一個點是無限之小。然而，在每個物體中，都有一個點支撐著整體，因為只要支撐住這點，物體就不會倒下；這個點就是重心。

然而，卻只有在整體以對稱的方式擺在這個點上，或是不對稱不超過某個比例的情況下，這個被支撐著的點才能防止整體倒下。酵母只有混在麵糰裡才能發麵。催化劑只有和反應物質接觸時才會發揮作用。同樣地，也存在著某些物質條件，讓在塵世以無限小的形式存在的神聖者，能發揮超自然的作用。

我們的處境之悲慘，讓人類本性屈服於某種道德上的重負[7]，將人不停地向下、向惡、向徹底屈服於強力拉扯。「耶和華見人在世上罪惡很大，終日所思想的盡都是惡[8]。」正是這種重負束縛著人，一方面，照古代格言所述，在人淪為奴隸的那天，迫使人失去半個靈魂，另一方面，根據修習底德所引述的話，不論在何處，人一旦有權力號令他人，他永遠都會被迫這麼做。和確切意義上的重力一樣，重負也有它的法則。在我們研究它的時候，我們永遠不會太過冷靜、太過清醒、太過憤世嫉俗。在這個意義

4　譯註：《新約》，〈腓立比書〉，2:6-8。
5　譯註：《新約》，〈路加福音〉，4:6。
6　譯註：Proserpine，由古希臘厄琉息斯密教流傳到羅馬神話的傳說。根據傳說，普洛塞庇娜被冥府之王普魯東（黑地斯）綁架，使得她的母親：穀神刻瑞斯荒廢大地，為此，朱比特派遣墨丘利前往冥府要求普魯東放人，但普魯東設計在放人前讓普洛塞庇娜吃了六顆石榴子，因為一旦吃過地府的食物，就不能回到人世。
7　譯註：見韋伊，《重負與神恩》，香港，漢語基督教文化研究所，二〇〇〇。
8　譯註：《舊約》，〈創世記〉，6:5。

上，在這個層面上，一個人非得是個唯物主義者不可。

但是一個建築師不單只是研究物體的墜落，他也研究平衡的條件。所謂對社會機制的真實知識，指的是：數量無限小又位於恰切之處的純粹的善，發揮得以中和重負的超自然作用的條件。

那些否認超自然的實在（réalité）的人，真的像是瞎眼一樣。光也一樣，既不觸碰，也無重量。但藉著光，植物與樹木卻能無視重負，朝天伸展。我們不吃光，沒有光，我們所吃的種子和果實就無法成熟。

同樣地，純屬人性的德性，若沒有神恩（grâce）的超自然之光，便不可能在人的動物本性之外萌芽。當人轉頭背離這光，某種緩慢、漸進，但又不可避免的腐敗，便讓他直到靈魂深處，都臣服於強力的支配。作為有能力思考的受造物，他卻最大程度地變成了物質。同樣地，一棵植物要是被奪走了光，也會慢慢地變得毫無生氣。

至於那些相信超自然的事物在定義上以任意的方式運作，因此無法進行任何研究的人，他們對超自然事物的認識是錯的，和那些否認其實在的人一樣。真正的神祕主義者（例如聖十字若望[9]）描繪了神恩對靈魂所施行的作用，其精確不遜於化學家或是地質學家。超自然對於人類社會的影響，儘管或許更為神祕，但無疑也同樣能加以研究。

如果我們能仔細審視，不只是中世紀的基督教世界，甚至於所有真正具有創造力的文明，我們都會察覺到：這每一個文明，至少在一段時期裡，其核心都有一個虛空的空間，是預留給純粹的超自然、給位於塵世之外的實在的。其他的一切都被導向這個虛空[10]。

並不存在兩種社會建築學方法。方法向來就只有一個。這方法是永恆的。向來呼召人類精神付出真正的創造力的，都是永恆。這種方法是：將社會機制的盲目力量，部署在屬天的機制的盲目力量的中心點四周；這就是「移動太陽與繁星的愛。」

這肯定不容易，不論是以更精確的方式予以設想，或是予以完成。但無論如何，要朝這個方向前進，首要條件就是要思考這個方向。這並不是我們可以意外獲得的東西。或許在長久而堅持不懈的渴望後，我們終能領受這樣的思考。

對於此世秩序的模仿，是羅馬前的古代世界的宏大思想。這應該也是基督教的宏大

9 譯註：聖十字若望（Saint Jean de la Croix,1542-1591），是天主教改革的主要人物，加爾莫羅會（Ordo fratrum Beatæ Virginis Mariæ de monte Carmelo）的改革者，他的詩歌與他對靈魂的研究，被認為是西班牙神祕主義文學的巔峰。韋伊在《扎根：人類責任宣言緒論》當中，也強調過這位天主教神祕主義作家的作品。

10 譯註：韋伊在此處所表達的思想，很可能是受到聖十字若望的「空無的理論」（doctrine of the void）所影響。

思想，因為基督教提議每個人模仿的完美模型，和以智慧安排宇宙的是同一個存有。事實上，這個思想從地底下攪動了整個中世紀。

如今，技術的傲慢讓我們迷失了好幾個世紀，我們已經忘了宇宙的神聖秩序的存在。我們不明白工作、藝術與科學，都只是與這個秩序接觸的不同方式而已。

如果不幸所施加於我們身上的羞辱能喚醒我們，如果我們能夠重新發現這個偉大的真理，我們就能抹去現代思想的恥辱：宗教與科學之間的敵對。

馬克思主義學說存在嗎？

（一九四三年手稿，倫敦）

有許多人宣稱自己是馬克思主義學說的反對者，或是信徒，或是合格的信徒。人們絲毫沒有想過要自問：馬克思自己有什麼學說嗎？我們無法想像一個激起如此多爭議的東西，可能並不存在。然而這種事情經常發生。這個問題值得提出，並給予檢視。在仔細檢視過後，我們或許可以給出否定的答案。

通常我們都同意，馬克思是個唯物主義者，但他並非向來如此。年輕時，他打算要建立一套勞動哲學，精神上非常接近普魯東的勞動哲學。一種勞動的哲學並不是唯物主義的，在這種哲學中，一切和人有關的問題，都是圍繞著直接而真實地掌握物體的行動所組織起來的，而這樣的行動包含了人和其對立物的關係。對立物就是物質。人並不被化約為物質，而是位於物質的對立面。

順著這條道路，年輕的馬克思連粗疏的描繪都沒展開過。他給出的除了一些暗示之外，就沒別的了。至於普魯東這邊，他則只是在大量的煙霧中投下幾道閃光，這樣的哲學依舊有待完成。它可能是不可或缺的，或許是我們這個時代特殊的需要。許多跡象顯示，在上一個世紀裡，這種哲學的嫩芽正在形成，但什麼也沒冒出來。或許這是要留待我們這個世紀來完成的東西。

馬克思在還是個年輕人的時候，就被某種十九世紀常見的意外給阻礙了，他開始把自己當一回事了。一種彌賽亞式的幻覺攫住了他，讓他相信：在人類的救贖中，自己將扮演某種關鍵的角色。在那之後，他就不可能保持在「思考」這個詞的完整意義上進行思考的能力了。他放棄了在他心靈裡萌芽的勞動哲學，儘管他持續在各個地方，將這種哲學所啟發的格言囊括到他的書寫中，但隨著時間過去，次數也越來越少了。既然無法建立某種學說，他便緊抓住他那個年代最流行的兩種信仰，兩種都是貧乏的、膚淺的、平庸的，並因而無法放在一起設想的信仰。一種是對科學的崇拜，另一種是烏托邦社會主義。

為了要同時採納這兩種信仰，他透過格言的方式，賦予兩者統一性，而如果我們追問這些格言的涵義，它們除了某種感性的狀態之外，最終什麼也無法揭示。但只要一位作者精心選擇他的用詞遣字，讀者很少會無禮到去問這種問題。一句格言所擁有的涵義越少，在思緒中不合理的矛盾面前所拉起的面紗就越厚。

當然，這並不表示馬克思曾經有意欺騙公眾。他為了活下去所要欺騙的公眾是他自己。這就是為什麼他用形而上學的雲霧，罩著他的概念的根基，只要我們緊盯著那雲霧一段時間，它就會變得透明，顯示出自身的空洞。

然而，在他拿來的兩個現成體系之上，他不只是加上了虛構的連結，他還對它們重新加以思考。他的精神能力所及儘管不足以創造一套學說，但卻足以創造天才的想法。在他的作品中，有些緊密的絮語，其中的真理是不會變質的，這些絮語在任何真正的學說中自然有其地位。因此，這些絮語非但可與基督教比肩，並且對基督教而言無限珍貴。必須重新看重馬克思的這些話。這比當今我們所謂的馬克思主義簡單得多，這指的是那些自稱源於馬克思的思潮，它們絲毫用不上這些絮語。真理太危險了，無法觸碰。真理是炸藥。

十九世紀的科學主義（le scientisme）信仰的是：那個時期的科學，藉由簡單地發展已達成的結果所界定的特定方向，將毫無例外地為人類可能遇見的所有問題，提供某種明確的答案。事實上，真正發生的事情是，科學在稍有擴張之後，自己就爆裂了。如今人們所偏好的科學，儘管衍生自前者，但卻是種不同的科學。十九世紀的科學已經被恭送進博物館存放，被標籤為「古典科學」。

這種科學建構完整、單純而一致。力學是它的女王。物理學是它的核心。而後者這一分支，是至今為止最輝煌的成就，它自然而然地對所有其他研究產生了可觀的影響。

自此之後，用和物理學研究無生命物質的方法相同的方式來研究人類，這樣的想法肯定會出現，並且事實上還流傳甚廣。但我們卻絲毫不思考人本身，除非是把人當作個體來思考。物質現在成了血肉；不然也有界定與原子對等的心理學實體的嘗試。那些起而反對這種對個體執迷的人，同樣是在反對科學主義。

馬克思是第一個，以及（如果沒錯的話）唯一一個——因為我們沒有延續他的研究——提出這種雙重想法的人，他視社會為根本的人類事實，並且像物理學家研究物質一樣，研究社會中的力量關係（les rapports de force）。

這裡是個天才的想法，在「天才」這個詞完整的意義上。這並不是一種學說；這是一種工具，能用於研究、探究、探索，乃至於可能可以建構任何學說，並且不至於冒著接觸到真理之後化為塵埃的危險。

有了這個想法後，馬克思又匆忙地將它荒廢了，就他能力範圍所及，在這個想法上頭裹上了他那個年代可悲的科學主義。或者應該說，自知與他相比遠遠不如的恩格斯，為他進行了這道手續；但馬克思的權威掩飾了這點。這造成的結果就是一個體系，根據這個體系，界定社會結構的力量關係，完全決定了人的命運與思想。這樣的體系是嚴酷無情的。在其中，力量就是一切；它沒留下任何正義的希望。它甚至沒留下在其真理中設想正義的希望，因為一切思想所做的，都只是反映力量的關係罷了。

但馬克思有一副慷慨的心腸。不公不義的景象，真的讓他感到痛苦，甚至可說是肉體上的痛苦。這種痛苦如此強烈，以至於他如果不抱著徹底的正義在塵世即將掌權的盼望的話，他就不可能活得下去。對他而言，一如對許多人一樣，需求就是最好的證據。

對大部分人類而言，對於某個少了會真的活不下去的理念，其真實性究竟如何，他們是不會質疑的。阿諾夫不會質疑愛涅斯的忠誠[1]。對每個靈魂而言，最重要的選擇，或許就是這個在真理與生命之間的選擇。凡要救自己生命的，必喪掉生命[2]。如果這句話影響所及，只限於那些在任何情況下都不準備去死的人，那就只是句輕易的話。事實上，這樣的人很少。而這句話如果適用於那些拒絕失去理念——就算是錯的理念——不然會覺得自己活不下去的人，那就會變得恐怖。

1 譯註：Arnolphe和Agnès，莫里哀一六六二年劇作《仕女學校》（*L'école des femmes*）的男女主角。Arnolphe娶了年幼的Agnès，一心把她教育成單純天真而不會背叛他的妻子。

2 譯註：韋伊在此引用聖經中耶穌的一句名言。見《新約》，〈路加〉，9:24；〈約翰〉，12:25；〈馬可〉，8:35；〈馬太〉，16:25。

在馬克思的年代，流行的正義觀念是他自己稱之為空想[3]（utopian）社會主義的正義觀。這種正義觀欠缺思想上的努力，但在情感上卻是高尚而人道的，渴望自由、尊嚴、福祉、幸福與所有人可能得到的各種善。馬克思採納了這種正義觀。他只是試著要讓它更加精確，加上了一些有趣的想法，但沒有什麼是真正最要緊的。

他真正改變的，是希望的性質。對他而言，一種以人類進步為基礎的可能性並不足夠。他的痛苦要求某種確信。你無法將確信建立在人身上。如果十八世紀在某些時刻懷著這種幻覺——也只是在某些時刻而已——那法國大革命和戰爭所導致的痙攣也夠嚇人，足以治療這種幻覺。

在那之前的幾個世紀裡，那些要求要有確信的人，將確信建立在上帝身上。十八世紀的哲學和科學技術上的奇蹟，似乎已經將人帶到某種高度，讓人失去了這樣的習慣。但後來，當一切屬於人類的事物的極端不足再度變得不可忽視，人們就有必要尋求某種支持。上帝已經不流行了。於是人們就選擇了物質。人們一刻也不能獨自渴望著善。他需要某個全能的盟友。如果你不相信某個精神的遙遠、沉默、隱密的大能，那剩下的就只有物質的明白可見的大能。

一切唯物主義所不可避免的荒謬就在於此。如果唯物主義者能夠將所有對善的考慮擺在一邊，他就能有徹底的一致性，但他做不到。人的存有不是別的，正是恆久努力地追求某種未知的善。而唯物主義者是人，這就是為什麼他無法阻止自己最終把物質視為某種生產善的機器。

人類生命的根本矛盾是：人的存在儘管在於對善的追求，但同時，他的整個存在，包括心靈與肉身，都屈服於盲目的力量，屈服於對善完全漠然的必然性（nécessité）。事情就是這樣；而這就是為什麼沒有任何人類的思考能夠逃脫矛盾（contradiction）。矛盾本身，並非總是錯誤的判準，有時倒是真理的記號。柏拉圖就知道這點。但我們可以做出某種區分。對矛盾的使用，有正當與不正當的分別。

不正當的使用，指的是將不相容的想法並置在一起，彷彿它們可以彼此相容。正當的使用首先指的是，如果心靈當中出現了兩個不相容的想法，就盡一切理智的力量，試圖至少消除其中一個。如果做不到，如果兩者都必須採納，那就必須將矛盾當作事實，予以承認。接著，就得將矛盾當作有雙柄的工具，像是一對鉗子，用以藉之與人類官能所無法觸及的真理的超驗領域，產生直接的接觸。這種接觸是直接的，儘管得透過某種

---

3 譯註：空想社會主義（**utopian socialism**），這個稱呼源自於湯瑪斯．摩爾一五一六年的作品《烏托邦》（*Utopia*），但因為民國初年譯介時，使用日本譯法為「空想社會主義」，大多馬克思主義著作的翻譯皆沿用此譯名，故此處亦遵循此一習慣。

中介才能發生，正如同觸覺直接受到桌子凹凸的表面所影響，是在你的筆而非你的手，在桌面上移動的時候一樣。這種接觸是真實的，儘管它屬於本質上不可能的許多事物之一，因為這是一種心靈和不可思議的事物之間的接觸。這是超自然的，但卻是真實的。

這種正當地將矛盾用作通往超驗性的道路，有種形象上的對等物，在數學中經常出現。它在基督教教義中扮演了不可或缺的角色，因為人們可以在三位一體、道成肉身或是所有其他例子裡體察到它。同一個例子也適用於其他傳統。或許，它是區辨真實的（authentiques）宗教與哲學傳統的判準。

這首先是個根本的矛盾，在善與必然性之間的矛盾，或是與之對應的、在正義與力量之間的矛盾，對這種矛盾的使用就構成了某種判準。如同柏拉圖所述，在善與必然性之間的距離是無限的。兩者毫無共通之處。彼此是完全的他者。儘管我們不得不賦予兩者某種一體性（unité），這種一體性卻是神祕的；它對我們而言依然是個謎。真誠的宗教生活就是對不可知的一體性的沉思。

為這種一體性製造某種能夠為人類感官所掌握的、虛構而錯誤的對等物，屬於較低劣的宗教生活的底層。每一種真誠的宗教生活形式，都對應著某種較低劣的形式，後者建立在同一種教義的所有表象之上，但對這種教義卻毫無理解，但與此相反的狀況卻不成立。有些思考方式只能和品質較低劣的宗教生活相容。

就整個唯物主義而言，只要它將自動生產善的能力歸於物質，它就該被歸類為較低劣的宗教生活形式。這點就連在十九世紀的資產階級經濟學家的例子上都顯露無遺，這些人是自由主義（liberalisme）的使徒，他們在談到生產時，用的是真誠的宗教語調。在馬克思主義的例子上，這展現得更為明顯得多。馬克思主義是徹頭徹尾的宗教，就宗教這個字最不純粹的意義而言。特別是，它和所有較低形式的宗教生活，都共享一個事實，即不斷被當作人民的鴉片使用，根據馬克思自己完全正確的表述。

然而，在柏拉圖的精神性（spiritualité）與唯物主義之間，只有一抹無限小的差異。他沒說過必然性自動會產生善，而是說必然性受到精神的說服所宰制；精神說服必然性，讓必然性將大部分存在的事物轉而向善；而在這種智慧的說服中，必然性被克服了。同樣地，用埃斯庫羅斯[4]的話說：「神並不用任何暴力武裝自己。任何神聖的事物都是不費力的。祂寓居高天，但祂的智卻能由祂純粹的寶座所在之處運行。」我們在中國、印度和基督教裡，都能發現同樣的概念。在主禱文的第一句話就可發現，這句話更好的翻譯應該是：「我們的父，在諸天那位」，而更好的則是透過這樣絕妙的字眼：

4 譯註：埃斯庫羅斯（Aeschylus（Αισχύλος，前五二五—四五六），古希臘悲劇作家，著有《被俘的普羅米修斯》。

「你在隱密中的父。」

在此岸世界，超自然的部分是隱密的、沉默的、無限小的部分，但無限小的事物，其作用卻是決定性的。普洛塞庇娜在半受強迫、半受誘惑的情況下，同意吃下了不過一顆石榴子，她以為自己並未被捲入任何事情；但從那一刻起，直到永遠，冥界就成了她的王國和她的祖國。在田地裡，一顆珍珠是肉眼幾乎無法看見的。芥菜種比百樹的種子都小[5]。

無限小的事物的決定性作用，這是個悖論；人類智力難以承認這點；但自然作為神聖真理的鏡子，到處都對我們顯現這幅圖像。催化劑、細菌、酵素都是例子。和固態的實體相比，一個點是無限小的；然而，每個實體裡面，都有一個點支配著整塊物體，因此，只要這個點得到支撐，這個實體就不會墜落。房角石[6]由上頭支撐著整棟建築。阿基米德說：「給我一個支點，我可以撐起地球。」在此世，超自然無聲的在場，就是那個支點。這就是為什麼在基督教早期的幾個世紀裡，十字架被拿來和天平相比。

如果在一座全然孤立的島嶼上，從來沒有過任何盲人以外的居民，那光之於他們，就如同超自然之於我們。我們可能一開始會忍不住去想，對他們而言，光什麼都不是，只要為他們創造一套不包含任何光的理論的物理學體系給他們用，那就是為他們的世界做出了完整的解釋。因為光不會造成障礙、不會施加壓力、沒有重量、不能吃。對他們而言，光並不存在。但卻不能將光忽略不計。單是靠光，樹木與植物便不顧重力，朝天伸展。單是靠光，種子、果實、我們所吃的一切就成熟了。

藉由將某種超驗的一體性（unité transcendante）分派給善與必然性，我們就為人類根本的問題提供了某種無從理解的解決方法，特別是我們在這之上又加上了——這是不可少的——更加無從理解的信念，亦即在這個超驗的一體性中，有某種東西，被傳遞給那些懷著愛與渴望對它加以沉思的人，儘管他們對此並不理解，無法對此運用他們的智力或是意志。

人類感官所無法觸及的事物，按照定義，是無法證實或證偽的。但這些事物所導致的後果，層次較低，位於我們的感官可觸及的領域；這些後果是可驗證的。在事實上，這種檢驗是成功的。第二個間接的驗證，出自於普遍的同意。在表面上，宗教和哲學極

5 譯註：這是出自耶穌的比喻，見《新約》，〈馬太〉，13:31-32；〈馬可〉，4:30-32；〈路加〉，13:18-19。

6 譯註：見《新約》，〈彼得前書〉，2:6：「看哪，我把所揀選、所寶貴的房角石安放在錫安；信靠他的人必不至於羞愧」；〈以弗所書〉，2:20-21：「有耶穌基督自己為房角石，全房靠他聯絡得合式，漸漸成為主的聖殿。」

度的多樣性似乎暗示著：這樣的檢驗並不存在；這種考慮將許多心靈引入了懷疑主義。但更仔細的檢驗將會揭示，除了在那些讓靈性生活屈服於帝國主義的國家之外，每個宗教在其隱密的核心，都有某種神祕主義的教義；而儘管這些神祕主義教義彼此各有不同，但在一定數量的根本的點上，它們不只是彼此相似，甚至是徹底相同的。第三個間接的驗證，是內在的體驗。這是間接的驗證，就連對那些進行實驗的人而言也是，在這些體驗逃脫了他們的感官的意義上；他們只掌握到這些體驗的外層，並且對此心知肚明。然而，他們也明白其涵義。在過去的所有世紀裡，有極少數的人，他們不但無法說謊，而且也無能自欺，他們在這方面的證詞是確實的。

這三種或許是唯一可能的驗證；但這就夠了。我們可以在它們之上加上一個歸謬法論證（*reductio ad absurdum*），檢視其他在人類感官的層次上為善與必然性製造某種虛構的一體性的解決方案。這些只會產生荒謬的後果，其荒謬性可以在推理或是經驗中得到證實。

在所有這些不適當的解決方案中，遠非最好但卻是最好用的，或許是唯一包含著某些純粹真理的碎片的，是唯物主義的解決方法。唯物主義能說明一切，除了超自然的事物。這不是個小漏洞，因為在超自然裡面，一切都包含於其中，並且被無限地超越了。但如果我們對超自然毫不考慮，我們就大可做一個唯物主義者。少了超自然，這個宇宙就只是物質而已。將宇宙單單描述為物質，我們就抓住了真理的一粒微塵。將宇宙描述為物質與屬於這個世界的力量，特別是與自然處於同一水平的道德力量，我們就扭曲了一切。這就是為什麼對一個基督徒而言，馬克思的書寫比那些——舉例而言——伏爾泰和百科全書派的書寫更有價值，後者找了個門路讓自己可以當個無神論者，卻不用當唯物主義者。他們是無神論者，但並不是在他們或多或少都明確地排除了所有位格神的概念的意義上——某些佛教宗派也是如此，儘管這將他們提升到神祕主義的生活中——而是在他們排除了任何不屬於這個世界的事物的意義上。他們——這些呆子——相信正義是屬於這個世界的東西。這就形塑了某種極度危險的幻覺，包含在所謂的一七八九的原則裡[7]，即無宗教的信仰（la foi laïque）等等。

在所有形式的唯物主義中，馬克思的作品包含著一個極有價值的暗示，儘管他自己幾乎從沒真的運用過這點，而他的追隨者則更少。此即非物理物質的觀念。馬克思正確地將社會視為這個世界上最重要的人性事實，但卻只將他的注意力轉向社會物質（la matière sociale）；但我們同樣可以緊接著考慮心理物質（la matière psychologique）；

7 譯註：即法國大革命的原則，自由、平等、博愛。

現代心理學的幾個流派都指向這個方向，儘管（除非我錯了）這個概念從未被明白提出過。有一定量的流行偏見讓這件事難以完成。

這個想法對任何基礎堅實的學說而言，是必不可少的；它是核心。在所有道德秩序的現象底下，不論是集體的或是個人的，都有某種類似於確切意義上的物質的東西。是某種類似的東西，但不是物質本身。這就是為什麼被馬克思帶著一絲不無道理的鄙視，分類到稱為機械唯物主義（**le matérialisme mécanique**）中的系統，即各種試圖透過心理機制解釋所有人類思想的系統，都不過是些蠢話。思想臣服於某種純屬於自身的機制；但那還是個機制。我們想到物質的時候，想到的是（臣服於盲目而嚴苛的必然性的）各種力的機械系統。這對於無形體的物質，即我們思維的實質，也是一樣的。只不過我們很難在其中掌握力的概念，並構想必然性的法則。

然而，就算在達到這個階段之前，知道這種特定的必然性的存在，也已經是極度有用的了。這讓我們能避免兩個我們經常犯的錯誤，因為我們一旦避開了其中一個，就會落入另一個錯誤當中。第一個錯誤的信念是：道德現象是物質現象的精確摹本；例如，道德上的福祉會自動引發，也只會導致身體上的福祉。另一個錯誤信念是：道德現象是武斷的，可由外界的自我暗示（**l'autosuggestion**）或是暗示，乃至於意志的行動所激發。

這兩種錯誤並不服從於物理的必然性，但卻服從於必然性。兩者都會有物理現象上的反應，但卻是一種特別的反應，與他們所服從的必然性法則一致。所有真實的事物都服從於必然性。沒有什麼比想像（l'imagination）更真實的事物；被想像的事物並不真實，但發生想像的心靈狀態卻是個事實。一旦有了某種特定的想像狀態，要改變這種狀態，只有當能夠產生這種後果的原因發揮效用才有可能。這些原因與被想像的事物並無直接關聯；然而，反過來說，它們也不是任意的什麼事物。原因與後果之間的關係，在這個領域裡受到嚴格的限定，就像在重力的領域裡一樣，它只是更難認識罷了。

在這一點上所犯的錯誤數之不盡，是日常生活中無數痛苦的起因。例如，如果一個孩子說他覺得不舒服，不去學校，突然間又生出和其他小朋友玩耍的力量，他憤怒的家人會以為他說謊了。他們告訴他：「你既然還有力氣玩，那你就該有力氣上學。」但那個小孩可能一直都是真誠的。真實的筋疲力竭之感攫住了他，讓朋友們的景象和玩耍的吸引力完全消逝無蹤，而學校課程並沒有足夠的刺激，能產生這樣的結果。同樣地，如果我們堅定地下定決心又不堅持到底，那我們要是感到驚訝就太愚蠢了。某樣刺激促使我們下了某個決心，但這刺激又不夠強，不足以讓我們實行到底；甚者，下決心的行動本身可能就耗盡了這個刺激的力量，讓我們甚至無法開始付諸實行。在必須執行極端困難的行動時，這樣的情況經常發生。聖彼得著名的案例或許是個例子[8]。

在政府與人民、統治階級之間，這一類無知經常發生，讓關係受汙染而墮落。舉例而言，企業家只想得出兩種讓他們的員工快樂的方式：提高他們的工資，不然就是對他們說他們是快樂的，然後開除掉邪惡的共產黨員，因為他們向其他員工保證，事實完全相反。企業主無法理解的是，一方面，一個工人的幸福首先在於對工作的某種特定的心靈態度；另一方面是，這種心靈態度只能在特定客觀條件得到滿足時才會出現，但若是不對這個主題進行認真的研究，是不可能知道這些客觀條件的。這一對彼此相配的真理，是人類存在的所有實踐問題的關鍵。

社會與個人的關係，在這種統治人類的思想與行動的必然性的運作上，是非常複雜的。但社會的優先性是顯而易見的。馬克思從定位社會物質、社會需求的實在（**la réalité de la nécessité sociale**）開始是對的，我們無論如何非得先窺見社會需求的法則，才能放膽反思人類種族的命運。

這個想法在他的時代是相對原創的；但，從絕對的角度來說，卻並不是真正原創的。確實，很可能沒有任何真理是真正原創的。馬基維利是個偉大的天才，他的真實意圖可能是要設計一種社會關係的機制。但在更久遠之前，社會需求的實在一直都存在於柏拉圖的心裡。

柏拉圖強烈感受到的，最重要的是，在靈魂與善之間，社會物質作為一種必須克服的障礙，比確切意義上的肉身要大得多。這也是基督教的觀念。聖保羅說我們必須與之對抗的是魔鬼，而非肉體；魔鬼的居所在社會物質裡面，因為他在對基督展示地上的萬國時，曾經能夠對基督說：「這一切權柄、榮華，我都要給你，因為這原是交付給我的[9]……」這就是為什麼他會被稱為是此世的君王（**le Prince de ce monde**）。既然他是謊言之父，這就表示社會物質是典型的培養與增生謊言與虛謊的中心。這正是柏拉圖的觀念。他將社會比擬為一頭巨獸，人類被迫受其奴役，他們研究牠的反射動作，以從中獲得他們關於善與惡的信念。基督教保留了這個形象。〈啟示錄〉中的獸是柏拉圖的獸的姊妹。

柏拉圖核心的根本概念（同時也是基督教的概念）是：在善與惡的主題上，所有人都絕對沒有能力有不同於獸的反射所規定的意見，除了那些預先命定靈魂受到神超自然的恩典所吸引的人。

---

8 校註：此處韋伊指的是《聖經》中所記，彼得三次否認耶穌的事情，見《新約》，〈馬太〉，26:69-75；〈馬可〉，14:66-72；〈路加〉，22:54-62；〈約翰〉，18:25-27。

9 譯註：見《新約》，〈路加〉，4:6。

他完全沒有再發展這個概念，儘管這存在於他所有的作品背後，這無疑是因為他知道，這隻獸是邪惡的，會施行報復。這是一個幾乎未曾被探索的反思的主題。在此，我們所擁有的並不是一個自明的真理，遠非如此；它隱藏在深處，它特別是被衝突的意見給隱藏起來。只要有兩個人對於善與惡有尖銳的不同意見，那就很難相信這兩個人都是盲目地屈服於他們周遭的社會的意見。特別是，會對柏拉圖的這幾句話左斟右酌的人，會感受到強烈的誘惑，要將他爭論的對象的意見，歸之於獸的影響，而將他自己的意見，歸之於正義與善的正確觀點。但一個人只有在將柏拉圖所構想的真理，當成對自己是真實的予以承認後，才能理解柏拉圖所構想的真理。

事實上，在一個特定時期、一個特定社會整體之中，意見的千差萬別，比表面上看來要少得多。差異比衝突要少得多。最劇烈的鬥爭，經常讓思考著完全相同，或是幾乎完全相同的事物的人彼此分裂。我們的年代對於這類悖論而言是一片沃土。在任何一個特定的年代，各不相同的流行意見的共同基金，就是巨獸在那個年代的意見。例如，在過去十年裡，每個政治傾向，包括最小的小群體的傾向，無一例外，都是要控訴其他人是法西斯，並受到他人相同的指控；當然，除了那些將這個形容詞當成某種形式的表揚的那些人。或許這個形容詞總有部分是正當的。法西斯主義顯然特別符合二十世紀歐洲巨獸的胃口。另一個有趣的例子是有色人種的問題。每個國家都對那些在其他國家的統治底下命運悲慘的人充滿感傷，然而一旦自己國家享有的完美幸福遭到質疑，就變得極度憤怒。相似的例子還很多，在這些例子裡，表面上的態度差異，事實上構成了某種同一性。

此外，既然巨獸很大，人很小，兩者在關係中的位置自有不同。按照柏拉圖所說的形象，我們可以想像在那些以打倒巨獸為職志的人裡面，會有一個人負責膝蓋、另一個負責爪子、另一個負責頸子、另一個負責後背。或許這就像是在牠下巴搔癢或是拍牠的背一樣。因此，這些奴僕之一將會堅稱發癢就是至高的善；另一個會說是拍背。換言之，社會是由以各種方式相互嵌合的群體所組成的，而每個群體的社會道德觀都不一樣。要找到兩個社會背景完全一模一樣的人是不可能的；每個人的背景都是由各種群體的網絡所組成的，這個網絡不會在任何其他地方以完全相同的方式重複出現。由此，個人明顯的獨創性，與思想會完全屈從於社會意見的命題，這兩者並不衝突。

而這正是馬克思的命題。在這個主題上，他和柏拉圖唯一的差別是，他並未意識到神恩的超自然介入帶來例外的可能性。這個差距讓他部分研究中的真理近乎完整無缺，但也是剩下的其他部分純屬贅語的理由。

馬克思試圖想像社會意見的機制。職業道德觀的現象給了他一把鑰匙。每個職業群體都會按照其道德觀，行使該職業，只要這種道德觀符合規定，那就完全不受邪惡侵擾。這是種幾乎必不可少的需求，因為工作的壓力，不論是什麼樣的壓力，本身都已經十分巨大，如果再加上煩人的善惡焦慮，可能就會無法負荷。一個人為了自保，就必須要有盔甲。職業道德觀扮演的就是這個角色。

舉例來說，一個醫師被找來治療一個死刑犯，通常不會問那個讓自己極度痛苦的問題，也就是治好他是不是對的。人們已經接受了醫師必須試圖治好他的病人。就算是羅馬的奴隸，也有可適用於他們身上的道德觀，即一個奴隸只要是服從主人的命令或是為了主人的利益而行動，那就永遠不算犯錯。這種道德觀自然是由主人所反覆灌輸的；但大體上也是奴隸所接受的，這就是為什麼奴隸很少造反，儘管他們的人數眾多且處境悲慘。到了戰爭也是種職業的時代，戰士們也有他們的道德觀，即任何戰爭的行為，只要符合戰爭的慣例，並且有助於勝利，就是合法而正當的；包括了，例如，在洗劫城鎮時侵犯女人或是屠殺孩童，因為在這些情況下允許士兵做這些事，對於維持軍隊的士氣是不可或缺的。商業也有自己的道德觀，即偷竊是典型的罪行，而任何品項有利可圖的金錢交易都是合法而正當的。這一切道德觀中，乃至於對所有類型的社會道德觀而言，其共通的特徵，是柏拉圖以確鑿無疑的口吻所提出的：「他們稱必要的事物為正義與美麗的，因為他們不知道，事實上，必要與善在本質上的距離有多遠。」

馬克思的概念是，一個特定社會的道德氣氛——結合了每個社會群體的獨特道德觀且穿透一切的氣氛——本身就是由各種群體道德觀的混合所構成的，這些道德觀的劑量，精準反映了每個群體所行使的權力的分量。因此，根據一個社會的統治者是由大農場主、軍人、商人、企業家、銀行家或是官僚，這個社會就會完全浸潤在與大農場主、軍人等等的職業道德觀緊密相連的世界觀當中。這個世界觀將在所有領域得到表述，包括政治、法律，甚至在知識份子抽象而表面上無所偏私的思辨中。所有人都服從這個世界觀，但沒有人會意識到這個事實，因為每個人都會認為，問題不在於某些特定的概念，而在於人類天性固有的思考方式。

這一切在很大的程度上是真的，而且不難驗證。引述一個例子就好，請注意法國刑法典賦予竊盜的奇特地位。在某些特定的嚴重狀況底下，懲罰會比性侵兒童還要嚴厲。但擬定這條法律的人不單有錢，而且肯定愛自己的孩子；如果他們必須在失去一部分的財富，與讓自己的孩子被糟蹋之間做選擇，我們沒有理由假設他們會傾向於選擇金錢。但在擬定這條法律的時候，儘管他們自己不知道，但他們就只是社會的反射動作的器官罷了；而在一個以商業為基礎的社會中，竊盜是典型的反社會行為。例如，買賣女人是一種商業活動；這就是為什麼我們要懲罰這種行為的時候，左右為難，心意不堅。

然而，許多事實似乎與理論相矛盾，以至於理論一經檢驗就被駁斥，如果不是因為時間而產生細微的轉變的話。人是保守者，而過去會以其自身的重量延續下來。例如，刑法典當中有很大一部分，來自於商業比現今更重要得多的時代；因此，一般而言，一個社會的道德氣氛，會包含源自於先前的統治階級的要素，這些階級若不是早已消失，勢力多少也已衰頹。但相反的事實也是真的。就像注定總有一天要成為總理的反對黨領袖，身邊已經有了一群擁護者，同樣地，一個多少還有點弱勢、但注定很快要統治的階級，四周也會有將要隨同並透過這個階級施行統治的理念潮流的草圖。馬克思就是以這種方式解釋他那個時代的社會主義的，包括馬克思的現象。他把自己看作燕子，光是牠的出場本身就宣告了即將到來的春天，也就是革命。他就是預告自己的預兆。

他的第二步詮釋的嘗試，是尋找社會力量（la puissance sociale）的機制。他的這部分思想相當無力。他認為他能斷言：如果撇開過去的痕跡不談，一個特定社會的力量關係就完全仰賴於生產的技術條件。在這些條件既定的情況下，一個社會就會讓生產最大化變得可能的結構。藉著試圖讓生產越來越多，生產條件就會得到改善。因此這些條件會改變。到了某一刻，這個持續過程會發生斷裂，就像逐漸加熱的水突然沸騰一樣。新的條件讓新的結構變得不可或缺。在某個特定的間隔與各種多少有點暴力的情勢演變後，就會發生實際的權力更迭，緊隨著相應的政治、法律與意識形態變革。一旦情勢變得暴力，就稱之為革命。

此處的思路是正確的，但，出於某種詭異的諷刺，這觀念卻與馬克思自己的政治立場截然相反：對馬克思而言，一場可見的革命永遠不會發生，除非是作為一場已完成的隱形革命的必然後果。當一個階級要高調奪取權力時，那是因為他已經先安靜地掌握權力了，至少是在很大的程度上做到了；不然他就不會有奪取權力所需要的力量。從一個人將社會視為一個由各種力量關係所統治的存在那一刻起，這就是個一目了然的事實。法國大革命就是清楚的例證，正如馬克思所揭示的，這場革命正式將權力交給了事實上至少從路易十四的時期起便已掌握權力的資產階級。更進一步的例證，則是晚近許多國家的革命，這些革命將整個民族的生命（**la vie nationale**）交在國家的權力（**le pouvoir de l'État**）手中。在那之前，國家已經十分龐大，幾乎就是一切了。

對於工人革命的擁護者而言，似乎顯而易見的後果是，我們在發動工人投入一場政治革命的冒險之前，一定要先試著搞清楚，是否有什麼方法，可能可以讓他們默默地、緩慢地、近乎不被察覺地，掌握大部分真實的社會權力；如果這種方法存在，我們就非用不可，若是不存在，我們就得放棄工人革命的想法。但和這個後果一樣明顯的是，馬克思並不理解這點，因為他要是不失去他活著的理由，他就無法看清這件事。出於相同的原因，他的門徒們，不論是改革主義者或是革命份子，都沒法冒險看清這點。這就是為什麼我們能說，作為一種工人革命的理論，馬克思主義是空虛的。

他剩下的社會轉型理論，則是建立在一些愚蠢的誤會之上。第一個，是在人類歷史上，採納了拉馬克[10]「功能創造器官」的解釋原則，按照這個原則，長頸鹿必須試圖努力吃到香蕉，牠的脖子才會拉長。這種類型的詮釋當中，沒有什麼初步指引，以供找出某個問題的解決方法，卻給人問題已經解決的錯誤印象，並因此讓問題無法被提出來。問題在於發現動物的器官如何適應了需求；把對動物生命中固有的適應傾向的假設當成答案，我們就永遠落入了莫里哀所嘲弄的錯誤：把鴉片當作安眠藥。

達爾文以存在條件這個簡單而精采的概念清理了問題。令人驚奇的是，大地上會有動物的存在。但動物一旦存在，那在牠們的器官和生存所需之間有某種對應，就毫不令人驚奇了，因為若不如此，牠們就無法存活。任何人都永遠不可能發現在世界的某個遙遠的角落，會有一種物種只以香蕉維生，但生理上又有某種不幸的畸形，讓他們無法吃到香蕉。

這是一個再明顯不過的證據，沒有人看見，直到某個天才的直覺使其顯現。事實上，這是希臘人所公認的，正如同我們幾乎所有的理念一樣；但這個證據後來卻被遺忘了。達爾文是馬克思的同時代人。但馬克思就像所有科學家一樣，在科學上非常遲緩。他以為自己以純粹而單純的方式，將拉馬克天真的理念轉移到社會領域中，是在做一件科學工作。

他甚至還引進了另一個武斷的要素，假設功能不但會創造足以執行功能的器官，並且更進一步，總的來說，這些器官還能以最高效能執行功能。他的社會學建立在一些經理性檢視就會失效，並且對照事實而言顯然錯誤的假設之上。

他首先假設，在既定的生產技術條件底下，社會擁有足以最大化使用這些條件的結構。為什麼？因為事情將發生在生產能力被最大化使用的必然性底下嗎？就事實而言，沒有人對於最大是什麼有任何概念。唯一清楚無疑的是，所有社會都有大量的浪費。但馬克思的這個想法是建立在各種模糊的觀念上，以至於我們甚至不能揭示其錯誤，因為我們無法掌握它。

再者，他假設社會會持續力圖改善生產。這是將自由主義經濟學者的假設，整個從個人轉移到社會上。這可以有保留地接受；然而，事實上，幾個世紀以來，在許多社會中，人們只想以他們之前的父祖輩的生活方式過活。

第三，這種努力是對當下的生產條件的反應，並且總是以改善這些條件的方式來反應。如果我們對這個斷言加以推理就會發現，它似乎就是武斷的；如果一個人將它拿來

10 譯註：拉馬克（Jean-Baptiste Pierre Antoine de Monet, Chevalier de Lamarck, 1744-1829），法國哲學家，在《動物哲學》中發表了他的進化論，即「拉馬克學說」，主要內容是「獲得性遺傳」和「用進廢退說」兩個概念，是達爾文進化論的前驅，但如今已經不被採納。

對照事實，那它看來就是錯的。沒有任何理由可以說，在試圖讓生產條件能有更大產出時，總是會改善生產條件。我們也大有可能會耗盡生產條件。這經常發生——在礦場或是田野，舉例而言。同樣的現象隨著不同階段不斷發生，只是規模更大，激發更大的危機。這就是下金蛋的母雞的故事。對於這個主題，伊索比馬克思了解更深。

第四，當這種改善超過了某個程度，先前從生產角度而言最有效率的社會結構，就不再是最有效率的了；而根據馬克思的推論，單是這個事實本身，就必然會導致社會放棄這個結構，採納一個盡可能有效率的結構。

這是武斷推論的頂點。它甚至禁不起一分鐘的詳細檢視。確實，對於過去幾個世紀裡面所有參與政治、社會或是經濟變革的人而言，沒有人說過：「我要在社會結構上帶來某種變革，好讓當前的生產力能夠得到最大程度的使用。」也沒有人曾經看出任何法律或社會需求會導致自動機械化的跡象，並在生產力未被充分使用的時候啟動轉型。馬克思或是馬克思主義者們都未曾在這方面給出絲毫指引。

因此，我們非得假設，在人類歷史背後，有某種全能的精神、某種智慧，在關照著事件的進程並加以引導嗎？如此說來，馬克思看來就像是嘴上不說，卻也接受柏拉圖所肯認識的真理了。沒有其他方式可以理解他的概念。但這還是非常奇怪。這個隱匿的精神為何要看顧生產的利益呢？精神是朝向善的。生產並不是善。只有十九世紀的企業家才會混淆這兩者。然而，指引人類種族之命運的隱匿的精神，並不是十九世紀企業家的精神。

解釋在於，十九世紀著迷於生產，特別是生產的進步，而馬克思則恭順地臣服於他的年代的影響。這種影響讓他忘了生產並不是善。他也忘了這並不是唯一的必然性，而這就造成了另一種荒謬——即生產是力量關係中的唯一因素的信念。馬克思純然就只是忘記了戰爭。同樣的事情也發生在他大部分的同時代人身上。十九世紀的人，儘管他們毫不饜足地吞著貝洪杰[11]的歌曲和埃皮納勒頌揚拿破崙的畫像[12]，但卻幾乎都忘記了戰爭的存在。馬克思曾經想過要簡短地指出：戰爭的方法有賴於生產條件；但他並未察覺到相反的關係，即生產條件也服從於戰爭的方法。人會被死亡所威脅，不論是自然的還是他的人類同胞所導致的死亡，而說到底，力量總是歸結到死亡的威脅。只要考慮到力

11 譯註：貝洪杰（Pierre-Jean de Béranger, 1780-1857），法國詩人與作詞家，生前在法國大受歡迎，但死後逐漸被遺忘了。

12 譯註：埃皮納勒（Épinal）是法國東北洛琳大區佛日省省會，以版畫知名，著名作品中包含拿破崙的主題。該城直到二十世紀早期亦有傳說，在每年九月九日上午五時，拿破崙的鬼魂會出現在城牆上。

量關係，我們永遠必須設想力量的兩個面向，即物質需求與武力。

馬克思忽視這點的結果導致的是，馬克思主義者的圈子一旦面對戰爭，以及與戰爭和和平有關的問題，就呈現出荒謬的混淆。在我們所謂馬克思的學說當中，沒有任何內容可以在這些問題上，指出一個馬克思主義者應該採取的態度。對於像我們這樣的一個時代而言，這是一個相當嚴重的空白。

馬克思唯一考慮的戰爭形式是社會的——公開或地下的——以階級鬥爭為名的戰爭。他甚至把這當成獨一無二的歷史解釋原則。另一方面，既然生產的發展也是歷史發展的唯一原則，那就必須假設這兩個現象只是一個現象。但馬克思並沒有說兩者相互歸併。肯定無疑的是，起而反抗的被壓迫者，或是想要爬上優勢位置的下層人民，他們從來沒考慮過要增加社會的生產力。我們唯一可以想像的連結是：人類對於社會階層的永恆抗議，讓社會維持在某種必要的流動狀態，這使得生產力能夠任意地形塑社會。

如此一來，階級鬥爭就不是種積極的原則，而只是種消極的條件。積極的原則依然是照看生產，使其發揮最大效用的神祕精神，馬克思主義者有時會以複數稱之為生產力（les forces productives）。他們以最嚴肅的態度看待這個神話。托洛斯基曾經寫過，一九一四年的戰爭[13]，事實上是生產力起而反抗資本主義體制之極限的戰爭。人們可以良久沉浸在這個夢中，自問其中的涵義，直到被迫承認其中沒有任何意義為止。

然而馬克思在一件事情上是對的，也就是把對自由的愛和對支配的愛，視為持續刺激社會生活的兩大原動力。只是他忘了證明這是種唯物主義的詮釋原則。這並不是不證自明的。對自由的愛和對支配的愛是兩種能夠以不同的方式加以詮釋的人性因素。

甚者，這兩項事實的意義，遠比壓迫者與被壓迫者的關係更深遠，但抓住馬克思注意力的只有後者。我們無法運用壓迫的概念，而不先認真地定義這個概念，因為這不是個清楚的概念。馬克思對此並未費心。同樣一群人在某些方面受到壓迫，但在某些其他方面則是壓迫者；或是有成為壓迫者的慾望，而這種慾望可能會壓倒對自由的渴望；而至於壓迫者們，他們對於讓下面的人保持服從的心思，遠不如要壓倒他們同類的想法。因此，並不存在一個兩邊相互對立的戰場，存在的是游擊隊般異常複雜的糾葛。然而這種糾葛受法則所管控，但這些法則卻尚待發掘。

馬克思對於社會科學唯一真正的貢獻，是提出對這種科學的需求。這已經是很大的貢獻；事實上是巨大的貢獻；但我們並未向前邁出半步。我們依然需要這種科學。馬克思甚至未曾準備好要開始建立這種科學。他的跟隨者則更缺乏準備。在「科學社會主

13 校註：指第一次世界大戰。

義」這個馬克思主義用以表述自身的詞彙底下，「科學」這個形容詞對應的不是別的，而是虛構。人們可能會感到要更殘忍地誘惑，要稱它為謊言；只是馬克思和他的大部分追隨者從未想要撒謊。如果這些人不是先欺騙了自己，那對於他們將現代人對科學的尊敬轉化為自己獨占的利益，我們就只能稱之為詐騙了。

馬克思沒有能力對任何科學思考付出真正的心力，因為他對此毫無興趣。這個唯物主義者唯一感興趣的是正義。這是他的執迷所在。他對於社會需求的清晰觀點，本來就會讓他感到絕望，因為這種需求是如此強大，使得一個人不但無法獲得正義，甚至還讓人無法想像正義。他不想和絕望有任何關係。他不能自禁地在自己體內感受到：人類對正義的渴望太深了，不能接受拒絕。他躲進了夢裡，在這個夢中，社會物質本身會肩負起兩種它不讓人類擁有的功能，即不單是要實現還要構想正義。

他將這個夢稱為「辯證唯物主義」。這已經足以為這個夢掩上面紗了。這兩個詞幾乎是無法穿透的空洞。一個有趣但也有點殘酷的遊戲，是對一個唯物主義者問：這詞是什麼意思。

儘管如此，我們還是可以在努力搜尋之後，在其中發現某種意義。柏拉圖將辯證法稱為靈魂的運動，在運動的每個階段，靈魂得仰賴當下所處的領域當中無可化約的矛盾，以上升到更高的領域。在這個上升運動的終點，靈魂將接觸到絕對善。

矛盾在物質裡的形象，是不同方向的力量的衝撞。馬克思純粹只是將這種透過矛盾向善上升的運動歸於社會物質，對柏拉圖而言，他把這種運動描述為會思考的受造物被神恩的超自然運作向上提升的運動。

我們不難理解他是怎麼導到這裡的。首先，他毫不保留地採納了他那個時代的資產階級強烈堅持的兩種錯誤信念：第一，是生產與善之間的混淆，即因此導致的生產進步與朝向善的進步的混淆；第二，將生產的進步——十九世紀對此有強烈的感受——武斷地推而廣之，當成人類歷史的永恆法則。

只是，與資產階級相反的是，馬克思對此並不樂見。想到人類的悲慘處境，這讓他感到極度的痛苦，就像任何尚未麻木不仁的人一樣。作為補償，他需要某種災難，某種燦爛的復仇，某種懲罰。他無法將進步想像為某種持續的運動。他把進步視為一系列暴力、爆炸性的震撼。要一個人自問誰是對的，是資產階級還是他，這肯定是無用的。十九世紀所偏愛的進步觀念的意涵是空洞的。

希臘人使用「辯證法」這個詞的時候，想到的是矛盾的功效，即支撐被神恩吸引向上的靈魂。既然在馬克思這邊，他將矛盾的物質形象與靈魂救贖的物質形象——亦即在力量與生產進步之間的衝突——相結合，他使用「辯證法」這個詞或許是對的。但另一方面，這個詞一旦和「唯物主義」擺在一起，立刻就暴露出其荒謬。如果馬克思對此毫無所感，那是因為他不是跟希臘人而是跟黑格爾借了這個詞，後者已經不怎麼在精確的意義上使用這個詞了。至於公眾，他們倒是沒有受驚的危險；對他們而言，希臘思想已經不再有足夠的活力了。相反地，這兩個詞選得很好，讓人們對自己說：「這一定內含深意。」讀者或是聽眾一旦被引領到這種狀態，就很容易受暗示所影響。

先前，在人民的成人教育中心[14]裡，工人有時會帶著某種羞怯的渴望，對自稱是馬克思主義者的知識份子說：「我們很想知道辯證唯物主義是什麼。」他們不太可能會真的得到滿足。

至於透過社會衝突、自動產生絕對善的機制，要掌握馬克思對此的設想為何並不困難；這整個概念都非常粗略。

既然社會謊言的起源，就在於各種為了統治或是解放而進行鬥爭的群體之中，這樣的群體一旦消失，謊言便將告廢除，而人將會活在正義與真理當中。而讓這些群體消失的機制是什麼呢？很簡單。每次發生社會轉型，宰制他人的群體就會垮台，而相對弱勢的群體便會取而代之。我們只要推而廣之即可；整個十九世紀的科學乃至思想，都有這種不受控制的推論的惡劣習慣；除了數學，它幾乎無視於「限制」的概念。如果每次一個地位較低的群體可上升到宰制地位，總有一天，地位最低的群體也會如此；自此之後，就不會再有弱勢者，不再有壓迫，不再有敵對群體所組成的社會結構，也不再有謊言。人將擁有正義，而既然他們擁有正義，他們就會認識正義本然的面目。

我們非得如此理解馬克思某些看似完全排除了正義、真理或善等概念的篇章。只要正義不存在，人就無法想像正義，更不可能獲得正義；正義只能由外面臨到他身上。既然社會已然敗壞、染毒，而社會之毒瀰漫在所有人的思想中，那人以正義之名所想像的一切就都只是謊言罷了。誰要是談到正義、真理，或是任何類型的道德價值，誰就是騙子，或是任由自己被騙子所騙。那麼，如果一個人不認識正義，他要如何為正義所用呢？根據馬克思的看法，唯一的方法是，讓內含於社會物質的結構中的機制加速運作，這將自動為人帶來正義。

要確定在馬克思的思想中，無產階級在這個機制裡所扮演的角色，並不容易；究竟他是把無產階級擺在更靠近未來社會的位置，將真理的最初一瞥，傳達給無產階級，和那些自我歸類到無產階級陣營的作家或是運動者，或者，他是把無產階級單純地視為被他稱為「歷史」的實體的一種盲目的工具。他的思考很可能在這點上有所擺盪。但肯定

14 校註：universités populaires，出自丹麥路得宗牧師Nikolai Frederik Severin Grundtvig（一七八三—一八七二）的教育理念，主張提供給成人學習的機會。這種制度在法國的創立，受到德萊福斯事件的影響，為了導正過度的反猶理念，成人教育中心試圖採納更為人道主義的教育。

的是，他主要把無產階級以及外來的盟友和領導人視為某種工具。

在他眼中的正義與善，並不是包裹著社會謊言出現在人的心靈中的那種，而是單指能讓一個無謊言社會加速出現的情況；另一方面，在這個層面上，任何有效的事物，無一例外，都是正義與善的，但並不是就這些事物本身而言，而是就其與最終目標的關係而言的。

因此，說到底，馬克思又重新落入那種讓他反感到對社會感到痛恨的群體道德觀。就像封建時期的大地主，就像他那年代的商人一樣，他也為自己打造了一種道德觀，即將自己所屬的社會群體的活動置於善惡之上，而他的群體，就是職業革命家。

事情向來如此。我們最害怕與痛恨的、最讓我們充滿恐懼的是道德淪落，若我們總是不在善所棲居之處尋求善的話，就會落入其中。這是為所有人設下的永恆的圈套，面對它，只有一種保護方法。

馬克思所想像的產生天堂的機制，顯然是幼稚的。力量是種關係；強者是在和弱者的關係中才是強者。弱者無法擁有社會的力量；那些以強力奪取社會力量的人，就連在這麼做之前，總是會形成某種人類大眾臣服的群體。馬克思的革命唯物主義，一方面假定一切都只受力量的規制，而在另一方面，則假定力量站在弱者這邊的那天會突然到來。並不是某些弱者會變得強壯——這種事一直都在發生；而是整個弱小的大眾，儘管一直維持弱小，力量卻會站到他們這邊來。

如果這其中的荒謬並不立刻讓我們感到刺眼，那是因為我們認為數量是種力量。但數量的力量只在於掌握這個數量的人手裡，而不在構成這個數量的人手裡。就像蘊藏在煤炭裡面的能量，只有在通過蒸汽機的時候才是種力量，而蘊藏在人類大眾之中的能量，只有對群眾之外的某個群體而言才是力量，這個群體比群眾小得多，並且和群眾建立起各種關係，經過仔細的研究後，這些關係或許可以得到界定。因此，群眾的力量是為了群眾以外的利益而被使用的，完全如同公牛的力量為農夫的利益所用，或是馬的力量為騎士的利益所用。有人可能會把騎士踹下馬，自己跳上馬鞍，取代他的位置，然後輪到自己被踹下馬；這可以重複成千上萬次；這匹馬依然還是得被馬刺戳著跑。而如果馬把騎士甩下去，另一個人很快會取代他的位置。

馬克思完全清楚這一切；他對資產階級國家做了出色的揭露；但談到革命時，他卻想忘掉資產階級國家。他知道大眾缺乏力量，並且只能構成他人手中的力量；因為，若不如此，永遠就不會有壓迫了。他任憑自己只被泛泛之論說服，亦即在通往這場永恆變革之極限的路途中，這變革會定期地將那些弱者置於強者的位置。通往極限的途徑，一旦套用在某一方將被消滅的關係之上，那就太荒謬了。但對馬克思而言，這種可悲的推論形式就已足夠，因為對於一個感到自己如果不被說服就無法活下去的人，什麼樣的說服都是足夠的。

認為弱者儘管依然是弱者，卻能夠成力量的想法，是種全新的想法。這是基督教本身的想法，而十字架正是對這種想法的闡述。但和強者所揮舞的力量不同，這指的是一種截然不同的力量；這是種不屬於這個世界的、超自然的力量。它遵循超自然的方式運行，果斷但卻隱密、沉靜，在無限小的表象底下；如果它藉由所發揮出的光芒穿透了物質，它也不會寓居於物質之中，而是寓居在某些靈魂裡頭。馬克思接受了這個弱者中有力量的矛盾，卻不接受唯一能讓這個矛盾成立的超自然。

同樣地，馬克思感受到某種真理，某種關鍵的真理，在他明白到人類要想像正義，只有在……

（手稿到此中斷）

與托洛斯基的對話（對談後的摘記）

（一九三三年，十二月底）

您完全就是反動（派）……

個人主義者（民主派、無政府派）永遠不會全面地捍衛個人（這是不可能的），只會反對礙到他們的個體性的東西。

只要俄羅斯工人寬容政府，就控制了俄羅斯政府，因為在資產階級政府之後，他們偏愛這個政府。它的統治僅限於此！

「然而工人在其他地方也寬容……」

「我們已經比七一年的馬克思和十月十七日的列寧懂得更多。俄羅斯很孤立。歷史的進展緩慢……要與敵人戰鬥，就得有支軍隊。」

「如果你在俄羅斯待過就知道，它一直都是孤立的。」

「這就是為什麼我不待在俄羅斯的理由。」

您的性格是判官的、邏輯的、唯心的。

「唯心的是您，您把統治階級稱為受奴役的階級！」

「統治不是像您在奧林帕斯山上想像的那樣……」

我們為工人（女性、孩童……）做了很多事。

「屈服於騙人的政治宣傳的年輕世代，還能做什麼呢？」

「（含糊其詞而令人沮喪的回應。）」

就在生產活動進步的同時……

俄羅斯無產階級依然受到生產機器（l'appareil de production）的奴役：在俄羅斯追上資本主義國家前，這都是不可避免的。十（月）革（命）像一場資產階級革命。

我沒什麼要指責史達林的（除了就他自己的政策範圍內的錯誤）；客觀條件……但在反對民粹派[1]的鬥爭期間，我們也認為資本主義在俄羅斯是進步的；但至於我們，我們將不進行這樣的工作，而是要為未來做準備。同樣地，現在，我……

（說到底，L.D.[2]和列寧所扮演的角色，和大企業家在資本主義還算「進步」的時候所扮演的角色類似——以碾碎成千上萬條人命為代價。）

總結俄羅斯革命：產生了左派的反對黨（！）我不相信，但我很肯定，俄羅斯將會革命。

為何您什麼都要懷疑？

俄羅斯無產階級：處境類似於小資產階級，在資本主義累積剛開始的時候，失去了一切，為的是……

（摘記到此中斷）

1 校註：根據全集版，Narodniki指的是俄羅斯土地共產主義（communisme agraire）的支持者。

2 校註：根據全集版，指Lev Davidovitch Bronstein，即托洛斯基。

國家圖書館出版品預行編目 (CIP) 資料

壓迫與自由 / 西蒙.韋伊(Simone Weil)著 ; 楊依陵
譯. -- 初版. -- 新北市 : 臺灣商務, 2018.07
面 ;　公分. -- (Open ; 2:67)
譯自：Oppression et liberté
ISBN 978-957-05-3150-3（平裝）

1.現代西洋哲學 2.政治思想 3.社會主義

549.2　　107008390